AF153296

Verlagslabel (Imprint): **AUREA STATUA VERLAG**

© Copyright 2022: Dennis Lee Wiltzer, Pia Andrea Hänigsen

©Deutsche Erstausgabe: August 2022

Verantwortlich: **_AUREA STATUA Verlag_**_, Lee Wiltzer, Lindenweg 23, 29683 Bad Fallingbostel (Deutschland)_

INHALTSVERZEICHNIS

**Dieses Buch ist meinem
Sohn Neo gewidmet.**

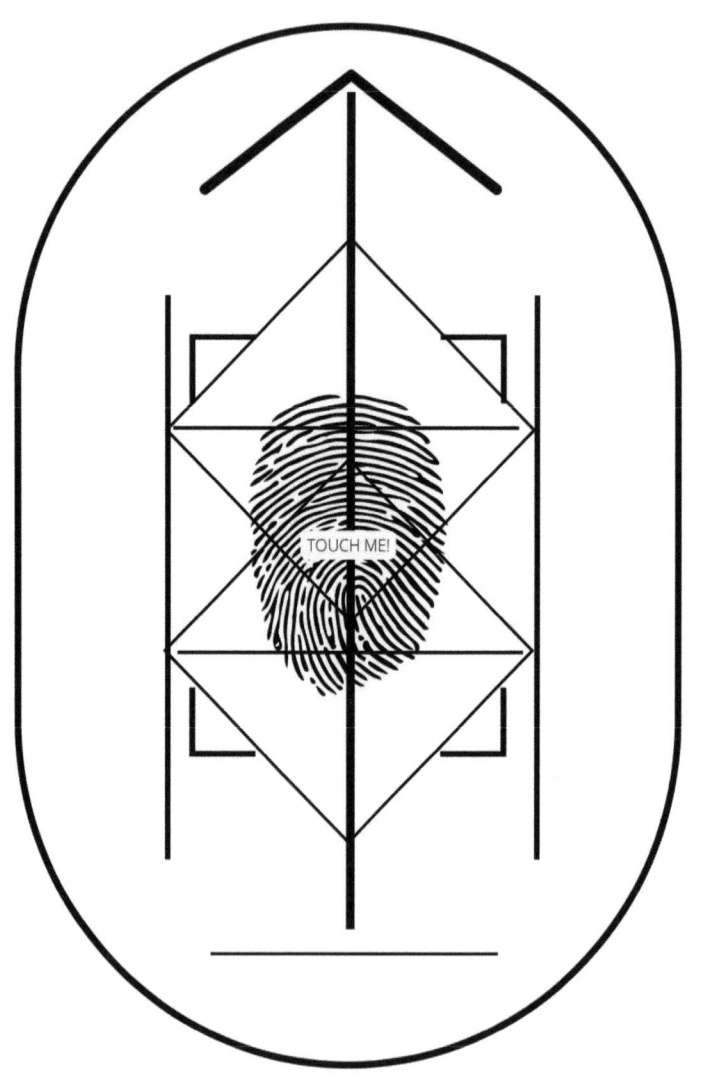

TOUCH ME!

Das Buch der Magie

Die geheime Kunst der Magie erlernen und praktisch anwenden

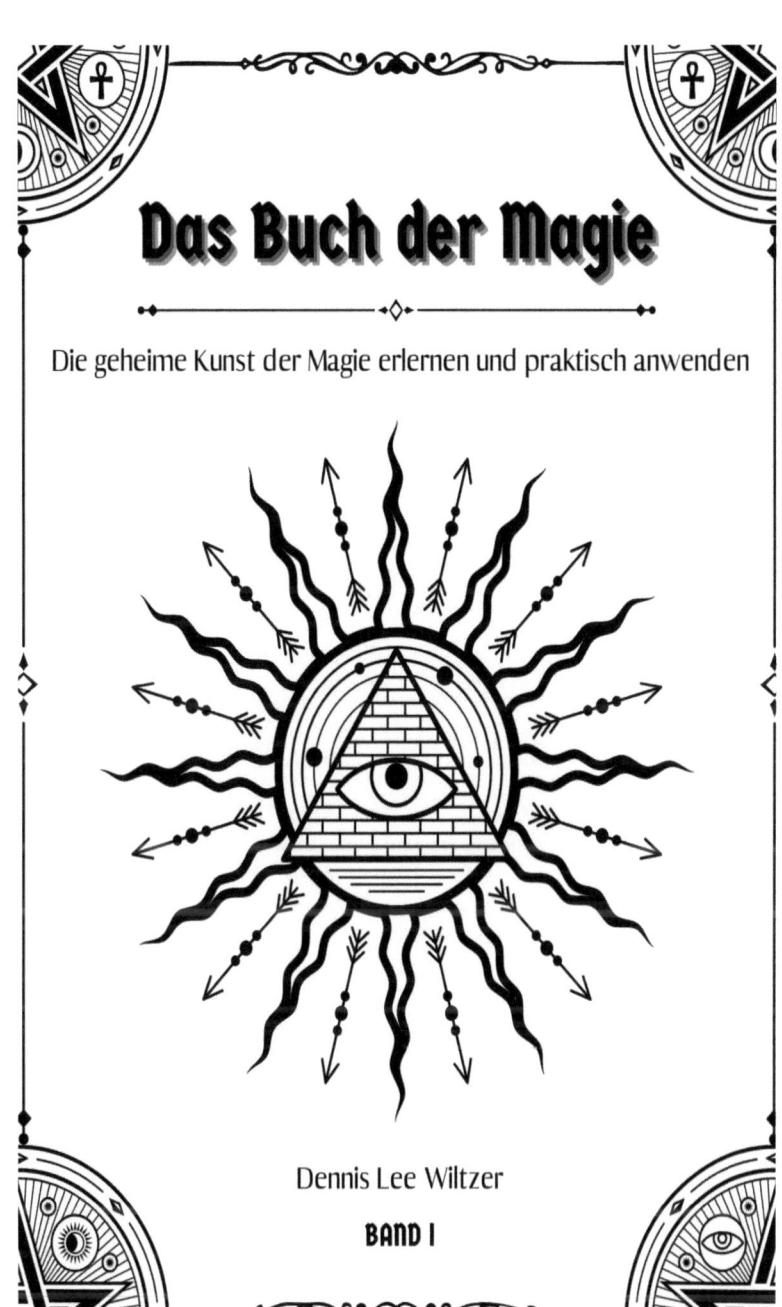

Dennis Lee Wiltzer

BAND I

Einleitung

Die Magie war in ausnahmslos jeder Menschheits-Epoche von Bedeutung und ist bis heute über alle Ecken der Welt verbreitet. Während die Magie zur Zeit von Inquisition und Hexen-Prozesse im (fragwürdigen) Fokus standen, so wird die Magie heute oft als *Aberglauben* und *Hokus Pokus* abgetan. Maßgeblich dazu beigetragen haben (neben der Konditionierung auf ein rein materialistisches Weltbild) leider auch sogenannte Zauber-Bücher, welche den Lesern vorgefertigte „magische Rezepte" liefern, welche aber in den seltensten Fällen funktionieren. Dies liegt daran, dass in der Folge nur stumpfe Anweisungen befolgt werden, ohne dass der Ausführende irgendwelche Kenntnisse von der Funktionsweise der Magie, geschweige denn die notwendigen Fertigkeiten geschult hat.

Dieses Buch verfolgt genau den entgegen gesetzten Ansatz: Ich werde dir in diesem Band die Grundlagen der Magie vermitteln und dir die nötigen Techniken an die Hand geben, um selber magisch wirken zu können. Es handelt sich also nicht um ein weiteres „Rezept-Buch", sondern macht dich sozusagen selber zum „Koch".

Du lernst die elementaren Grund-Prinzipien der Magie kennen und bekommst Techniken und Übungen, mit denen du deine magischen Fähigkeiten schulen und weiter ausbilden kannst. Außerdem zeige ich dir einige Möglichkeiten auf, wie du ganz gezielt gewünschte Ereignisse auf der materiellen Ebene manifestieren kannst und kläre dich über die zugrunde liegenden Mechanismen auf.

Denn (seriöse) Magie ist eben kein *Hokus Pokus*, sondern eine, hoch wirksame „Bewusstseins-Technologie". Sie basiert auf bestimmten, verborgenen Natur-Gesetzen, welche zwar kaum bekannt, aber dennoch eben so wirksam sind, wie die Schwerkraft. Kennen wir diese Gesetzmäßigkeiten und verfügen wir über die entsprechenden Fähigkeiten, diese zu nutzen, so können wir mit Hilfe der Magie erstaunliche Ergebnisse erzielen. Dabei handelt es sich nicht um etwas „Paranormales", oder gar ein „Wunder", da diese erstaunlichen Resultate tatsächlich auf Natur-Gesetzen basieren. Den verborgenen Natur-Gesetzen der Schöpfung.

In diesem Buch führe ich dich in die Grundlagen und Mechanismen dieser Natur-Gesetze ein, erläutere die Voraussetzungen für den erfolgreichen Einsatz von Magie und vermittle dir wirksame Techniken, welche seit langer Zeit erfolgreich in renommierten magischen Orden genutzt werden.

Doch letztlich liegt es nur an dir, ob du dieses Wissen für dich nutzt und diese hoch potente Bewusstseins-Technologie erfolgreich in deinem Leben zur Anwendung bringst.

Der Verfasser

Theorie

Eine kurze Geschichte der Magie

Schon seit Anbeginn der Zeit versuchen die Menschen, sich mittels magischer Praktiken weltliche Vorteile zu verschaffen, oder Einfluss auf ganz unterschiedliche Situationen zu nehmen. Dabei beschränken sich diese magischen Eingriffe in die materielle Welt aber nicht auf einen bestimmten Teil der Erde, sondern sind ein Phänomen von globalen Ausmaßen. Vom haitianischen Voodoo, über den sibirischen oder afrikanischen Schamanismus, germanische Runen-Praktiken, westlich-kabbalistische Ritual-Magie, oder die südamerikanische Santeria: Der Versuch, mittels bestimmter (feinstofflicher) Techniken Einfluss auf die (grobstoffliche) Welt zu nehmen zieht sich über alle Teile der Erde und ebenso durch alle Epochen.

Denn die Ausübung von Magie ist keinesfalls ein neues, oder modernes Phänomen. Ganz im Gegenteil: Schon im Jahr 2600 v. Chr. führte man in Mesopotamien mit Hilfe des sogenannten Nestelknüpfens verschiedenste Zauber durch und nutzte (wie in vielen anderen Kulturen) die Eingeweide von Tieren zu Orakel-Zwecken. Auch das alte Ägypten war eine hoch magische Kultur, deren Magie auf einer komplexen Mythologie basierte.

Ein anderes Volk, welches magische Praktiken ganz selbstverständlich in den Alltag integrierte, waren die Römer. Im alten Rom wurden Flüche oder Liebeszauber auf kleinen Täfelchen niedergeschrieben und vor dem Angriff auf eine fremde Stadt war es Usus, deren Schutz-Patron aus den Mauern herauszurufen und die jeweilige Gottheit mittels entsprechender Opfer zum Wechsel der Seiten zu bewegen.

Und auch bei den Griechen und Hebräer spielen magische Praktiken seit jeher eine große Rolle, wobei letztere unsere magische Tradition bis heute nachhaltig prägen. So basieren verschiedene westliche, magische Systeme auf der jüdischen Mystik und dem kabbalistischen Baum des Lebens mit seinen Sephiroth, welcher als „Landkarte des Lebens" fungiert und dem aufmerksamen Schüler erstaunliche Einblicke in die Mechanismen der Schöpfung bieten kann. Diese jüdische Mystik hat die westliche Magie in erheblichem Maße beeinflusst. So gehen zum Beispiel sowohl die Lehre der Freimaurer (ja, Freimaurer befassen sich sehr wohl mit Magie), als auch die komplette, westliche Ritual-Magie auf die Lehre der Kabbala zurück.

Wir sehen also, dass die Magie seit Menschen-Gedenken immer ein Teil des Lebens war und in allen Teilen der Welt praktiziert wurde.
Diese Versuche der Beeinflussung weltlicher Vorgänge durch feinstoffliche (magische) Praktiken haben seit jeher in allen Epochen und in allen Teilen der Erde stattgefunden

Dies geschah auch, wenn es keinen direkten Austausch zwischen den verschiedenen Kulturen gab. Bei dem Wissen um die Zusammenhänge zwischen Geist und Materie scheint sich also (ganz offensichtlich) um ein universelles Wissen zu handeln.

Doch warum nutzten die verschiedensten Kulturen in jedem Zeitalter magische Techniken? Handelt es sich hierbei nur um einen hartnäckigen, Jahrtausende währenden Aberglauben? Mitnichten! Schnell tendieren wir in unserer „modernen" Welt (absolut **jede** Generation hat sich von jeher stets selber für „modern" gehalten) dazu, alles was sich unserem Verständnis entzieht als Unsinn zu betrachten. Doch der Grund, warum sich die Magie durch alle Zeitalter hinweg behaupten konnte ist denkbar einfach: Sie funktioniert!

Die Menschen sahen einfach, dass mittels Magie sehr reale Effekte erzielt werden konnten. Denn, wenn Priester, Schamane oder Magus ihre Zauber aussprachen und die Realität ihrem Willen unterwarfen, dann war dies für die Menschen durchaus Beweis genug. Unsere Vorfahren waren also ebenso wenig dumm oder naiv, wie wir es sind, sondern handelten nach einem logischen Grundsatz:

Was wirkt, hat seine Berechtigung...

Was ist (eigentlich) Magie?

Obwohl jeder weiß, was mit dem Begriff „Magie" im weitesten Sinne gemeint ist, gibt es ganz verschiedene Definitionen von Magie. Was mit Magie (in diesem Buch) definitiv nicht gemeint ist, sind Zauber-Kunststücke und „magische" Tricks, welcher nur zur Kurzweil und Unterhaltung des Publikums dienen. Um diese Zauberkunststückchen von der „echten" Magie zu unterscheiden, prägte der berühmte Magier und Okkultist Aleister Crowley eine bestimmte Schreibweise und fügte dem englischen Wort *Magic* ein „K" hinzu, damit die Bühnenmagie (*Magic*) eindeutig von der ernsthaften Magie (*Magick*) unterschieden werden kann.

Crowley war zwar ein Exzentriker, Lebemann und vermutlich auch ein ziemlicher Narzisst, doch sein Einfluss auf die Magie ist bis heute enorm. Und obwohl man ihm viele Taten und Eigenschaften zuschreibt, die weder dem damaligen, noch dem heutigen Verständnis von Moral entsprechen, so ist es doch unbestritten, dass er ein absoluter Profi auf dem Gebiet der Magie und des Okkultismus war. So prägte er den magischen Zweig Thelema, welcher auf die Entdeckung und Kultivierung des eigenen „wahren Willens" ausgerichtet ist, spielte eine tragende Rolle bei einigen der renommiertesten magischen Orden, wie dem Ordo Templi Orientis (OTO), oder dem Golden Dawn und entwickelte das viel genutzte Thoth-Tarot.

Aleister Crowley kann also sehr wohl als (fachliche) Autorität auf dem Gebiet der Magie bezeichnet werden, weshalb wir uns seine Definition von Magie anschauen wollen. Crowley definiert Magie wie folgt:

[Magick ist...]

„Die Kunst und Wissenschaft, die Welt in Übereinstimmung mit dem Willen zu formen"

Aleister Crowley
(The Equinox of the Gods & The Equinox Vol. I, No. III)

Mit dieser Definition hatte Crowley natürlich durchaus recht, da Magie sehr wohl dazu geeignet ist, die Welt „in Übereinstimmung mit dem Willen zu formen". Natürlich ist Magie dazu geeignet, die materiellen Vorgänge der grobstofflichen Realität zu formen, doch es gibt auch andere Bereiche, die sich nicht von der Magie trennen lassen.

Denn, wer sich entscheidet, Magie zu praktizieren, der stößt damit auch ganz andere Prozesse an. So ist eine weitere Disziplin der Magie z.B. der sogenannte Illuminismus. Wir alle erleiden im Laufe unseres Lebens viele kleinere und größere Traumata, welche sich letztlich als Konditionierungen in unserem Verhalten widerspiegeln und unseren Alltag maßgeblich beeinflussen.

In der Magie kann es im Rahmen der sogenannten Schattenarbeit auch darum gehen, sich selbst zu vervollkommnen, diese Schatten zu bearbeiten und zu transformieren und sich immer weiter zurück dem ursprünglichen, reinen Zustand der Seele zu nähern.

Ein anderer Bereich der Magie sind Invokation und Evokation. Die Begriffe kommen aus dem Lateinischen und bedeuten so viel wie *„aufrufen oder anrufen"*. Der Unterschied besteht darin, dass man bei der Evokation ein Wesen (einen Dämon, Engel, Gottheiten, oder Ähnliches) anruft, auf dass er sich vor einem zeigt, während man das Wesen bei der Invokation in sich selbst herein ruft.

Und auch die Divination kann durchaus als Disziplin der Magie betrachtet werden. Divination bedeutet so viel wie *Ahnung, Voraussage von Ereignissen; Wahrsagekunst.* Hierzu gehören beispielsweise das Tarot, oder auch das Runen-Orakel. Diese Divinations-Methoden sind (je nach Kenntnis-Stand) tatsächlich sehr akkurat, sagen aber meiner Erfahrung nach eher Tendenzen und verborgene Mechanismen voraus, als präzise zukünftige Ereignisse voraus zu sagen. Man kann zwar sehr wohl zukünftige Tendenzen erkennen, doch diese basieren stets auf der Annahme, dass alles so bleibt, wie es sich zum Zeitpunkt der Befragung darstellt. Ändert man seine Verhaltensweisen, so ist selbstverständlich auch ein anderes Ergebnis zu erwarten.

Neben den genannten Disziplinen hat die Magie auch durchaus viele Schnittmengen mit der Psychologie und anderen Wissenschaften. Entgegen der Auffassung vieler Zeitgenossen stehen sich Magie und Wissenschaft keineswegs als Gegenteile gegenüber, sondern ergänzen sich ganz vortrefflich. Der Magier sollte seine Kenntnisse von der Welt so gut wie möglich nutzen und in seine magische Arbeit einbeziehen.

Tatsächlich handelt es sich bei der Magie selbst um eine okkulte (also geheime bzw. verborgene) Wissenschaft um die Zusammenhänge zwischen der feinstofflichen und der materiellen Welt. Bei Magie handelt es sich nämlich nicht um irgend einen, undefinierbaren *Hokus-Pokus*. Das wahre Geheimnis um die Magie ist das Folgende:

Die hohe Kunst der Magie basiert einfach auf natürlichen Gesetzmäßigkeiten, welche der breiten Masse zum jetzigen Zeitpunkt einfach noch nicht bekannt sind.

Denn Naturgesetze haben es so an sich, dass sie auch dann wirken, wenn man sie eben nicht kennt. Vor einigen hundert Jahren wusste man auch (noch) nicht um Mikro- oder Radio-Wellen. Dennoch erwärmen sie heute unsere Speisen, oder sorgen dafür, dass wir beim Auto fahren den Verkehrsfunk hören können. Damals aber hätte man so etwas sicher auch als Unfug abgetan.

Abschließend lässt sich festhalten, dass es nicht ganz einfach ist, eine praktische Definition der Magie zu finden. Sie umfasst viele Bereiche und kennt man ihre Gesetzmäßigkeiten und Mechanismen, so kann man Magie in vielen Angelegenheiten und auf ganz unterschiedliche Art und Weise anwenden. Eine endgültige Definition des Begriffes Magie obliegt also einem jeden selber. Die Frage ist auch, ob eine messerscharfe Definition hier notwendig ist.

Magie ist nämlich keine isolierte Kraft, die nur im Laufe eines Rituals auftritt und im Anschluss wieder verschwindet. Magie begleitet uns auf Schritt und Tritt durch unser Leben und unseren Alltag. Magie ist eine omnipräsente Kraft, die entweder nur präsent, oder eben auch nutzbar ist. Doch, um sie zu nutzen, muss man um das Geheimnis ihrer Gesetzmäßigkeiten wissen. Und genau dieses grundlegende Verständnis der wichtigsten Gesetzmäßigkeiten möchte ich euch in diesem Buch vermitteln.

Magie – Jeder tut es!

Wie oben erwähnt ist die Kraft der Magie in jedem Augenblick unseres Lebens präsent. Sie ist die Kraft, welche dafür sorgt, dass die Dinge auf eine bestimmte Weise (und nicht anders) eintreten. Das was uns „zufällig" erscheint, basiert eigentlich auf bestimmten Gesetzen, welche wiederum mit den verschiedenen Ebenen der Existenz zusammen hängen. Es sind nicht nur unsere Taten, mit denen wir den Grundstein für künftige Ereignisse legen, sondern eine fast noch größere Rolle spielt das, was in unserem Inneren geschieht.

Hierzu zählen sowohl unsere Gedanken, als auch unsere Gefühle und unsere Erwartungshaltung. Denn die Magie ist eigentlich keine (von uns) unabhängige, ominöse Kraft, die selbstständig irgendwelche Ereignisse hervorruft. Viel mehr ist die hohe Kunst der Magie die Kenntnis der verschiedenen Daseins-Ebenen in Kombination mit den verborgenen Gesetzmäßigkeiten des Lebens, sowie deren Nutzung. Weiß man um diese okkulten Naturgesetze, so ist man in der Lage, mit Hilfe der Magie durchaus erstaunliche (und zum Teil auch reproduzierbare) Ergebnisse zu erzielen.

Eine besondere Rolle in der Magie spielt auch das, was in der spirituellen Szene der letzten Jahrzehnte als „Manifestieren" bezeichnet wurde.

Hier geht es darum, mittels innerer Mechanismen und Abläufe bestimmte Entwicklungen im Außen (also auf der materiellen Ebene) zu manifestieren.

Besondere Bekanntheit erlangte dieses Thema durch den internationalen Bestseller „The Secret". Das Buch handelte davon, wie man mit dem „Gesetz der Anziehung" jene Dinge in sein Leben ziehen kann, die man möchte. Die im Buch vorgestellte Technik entbehrt auch nicht jeder Grundlage, denn dieses Gesetz der Resonanz existiert tatsächlich und macht es durchaus möglich, sich einen freien Parkplatz zu manifestieren. Diese Erfahrung machten auch die Leser und so wurde das Buch zu einem Welterfolg.

Doch auch wenn es tatsächlich möglich ist, Dinge im Leben zu manifestieren, so behandelt das Buch dennoch nur einen kleinen Ausschnitt der Wahrheit. Denn das „Gesetz der Anziehung" (oder auch Gesetz der Resonanz) ist nur eines der Gesetze, welche der Realität zugrunde liegen. Es existieren noch weitere, verborgene Naturgesetze, welche teilweise dem Gesetz der Resonanz übergeordnet sind und ergo auch der Erfüllung des zu manifestierenden Wunsches im Wege stehen. Dem Nutzer der Technik aus „The Secret" scheint es also, als würde die Technik nicht wirken. In Wahrheit ist das gewünschte Ergebnis in vielen Fällen einfach nicht eingetreten, weil es unbekannte Faktoren gab, die dem im Wege standen.

Grundsätzlich sind es immer die gleichen Mechanismen, welche dafür sorgen, dass sich bestimmte Ereignisse zeigen und andere nicht. Zum einen ist es natürlich notwendig, auf ganz praktischer Ebene die Voraussetzungen für einen Erfolg zu schaffen. Man kann ein noch so ausgeklügeltes und wirksames Ritual für den Lotto-Gewinn durchführen: Wenn ich den Schein nicht abgebe, werde ich auch nicht gewinnen!

Doch neben diesen offensichtlichen, praktischen Gründen gibt es verborgene Mechanismen, welche darüber entscheiden, ob eine Angelegenheiten sich in die eine oder andere Richtung entwickelt. Hierzu zählen im Wesentlichen die eigene Erwartungshaltung, Gedanken, Gefühle und karmische Faktoren.

Das was uns im Alltag als „Zufall" erscheint ist eigentlich keiner. In Wahrheit hat das Zusammenspiel aus verschiedenen, verborgenen Faktoren dafür gesorgt, dass ein Ereignis auf eine bestimmte Weise eintritt und nicht anders. Nur die Tatsache, dass wir diese Faktoren und die wirkenden Kräfte nicht erkennen sorgt dafür, dass wir es einfach als „Zufall" abtun. Eigentlich haben sich die Dinge aber auf Grundlage bestimmter Gesetzmäßigkeiten ergeben. Wir sehen letztlich nur das Ergebnis, aber die Mechanismen und Faktoren, die zu diesem Ereignis geführt haben entziehen sich schlichtweg unserer Kenntnis. Weiß man aber von diesen okkulten Mechanismen, so ist man natürlich klar im Vorteil.

Es ist auch nicht so, dass diese Tatsachen völlig unbekannt sind, den es existieren sowohl Kreise, denen diese Zusammenhänge durchaus bewusst sind und die diesen Vorteil auch ausgiebig nutzen. Viele der Menschen, welche an den (wahren) Schaltstellen der Macht sitzen, wissen um diese okkulten Gesetzmäßigkeiten. Natürlich ist es nicht in deren Sinne, diese Zusammenhänge einer breiten Masse bekannt zu machen, welche von diesen Leuten oftmals als „Profane" oder „Ungeborene" betitelt werden. Man blickt auf die große Masse der Menschen herab und nutzt die okkulten Kenntnisse zu seinem eigenen Vorteil, was ein Grund mehr ist, dieses Wissen auch einem breiteren Publikum zugänglich zu machen. Auch wenn wir (selbst dann) von einer „Chancengleichheit" noch Lichtjahre entfernt sind.

Es liegt mir auch fern, mit diesem Absatz bestimmten Verschwörungs-Theorien Vorschub zu leisten. Dennoch ist es einfach eine Tatsache, dass dieser Vorsprung an Wissen von mächtigen Menschen gegen „die Profanen" und zu deren eigenem Vorteil genutzt wird.

Tatsächlich ist es sogar so, dass absolut jeder von uns den ganzen Tag lang „manifestiert". Wir sorgen mit unserer ganz eigenen Einstellung und der ganz speziellen Mischung unserer Gedanken und Gefühle permanent dafür, dass die Dinge auf eine ganz bestimmte Weise eintreten. Es ist also gar nicht möglich, **nicht** zu manifestieren.

Der große Unterschied zwischen einem Magier und einem Normalo ist nur der, dass der Magier sich dieser Mechanismen bewusst ist und gelernt hat, mit Hilfe bestimmter Techniken Einfluss zu nehmen. Es geht im Wesentlichen darum, diese okkulten Gesetzmäßigkeiten zu nutzen und mittels spezieller Techniken die Wahrscheinlichkeit zu beeinflussen, mit der ein gewünschtes Ereignis eintritt.

Um diese Techniken möglichst reibungslos durchführen und somit gewünschte Ereignisse herbeiführen zu können ist es von Vorteil, wenn der Geist des Magiers auf eine spezielle Weise geschult wird. Diese Schulung hilft dabei, den Geist in einen speziellen Zustand zu versetzen, der dabei hilft, die Realität nach den eigenen Wünschen formen zu können. Aus diesem Grund muss jeder Novize in einem magischen Orden täglich bestimmte Praktiken üben, damit sein Geist für die ernsthafte Ausübung der Magie geschult wird.

Ich werde an späterer Stelle noch genau auf diese Übungen eingehen und dir das Wissen an die Hand geben, wie du deinen Geist so vorbereiten kannst, dass er für den magischen Einsatz bestens gerüstet ist. Zunächst müssen wir aber noch einige Grundvoraussetzungen besprechen.

Weiße und schwarze Magie

Bevor wir einsteigen und die Voraussetzungen für einen erfolgreichen Einstieg in die Welt der Magie besprechen, sollte noch eine wichtige Frage geklärt werden: Gibt es denn „Weiße Magie" und „Schwarze Magie"?

Diese Frage ist mit einem ganz klaren „Jein" zu beantworten. Denn grundsätzlich ist die Magie an sich neutral. Man kann dies ziemlich anschaulich am Beispiel der Elektrizität erklären. Mit elektrischem Strom kann man sowohl ein Haus erleuchten oder eine Spielzeug-Eisenbahn antreiben, als auch einen Menschen töten. Trotzdem würden wir niemals auf den Gedanken kommen, zwischen guter und böser, schwarzer und weißer Elektrizität zu unterscheiden. Gleiches gilt für einen Schraubenzieher oder ein Messer. Man kann diese Dinge als Werkzeug, oder auch als Waffe nutzen.

Die Magie an sich ist also wertneutral. Ähnlich wie Elektrizität kann sie genutzt werden, um Gutes zu bewirken, oder dafür, anderen zu schaden. Es ist also nicht die Magie selbst, die „schwarz oder weiß" ist. Entscheidend ist wer sie einsetzt und für welchen Zweck sie genutzt wird.

Des Weiteren hängt es natürlich auch von der Betrachtungsweise ab. Denn verschiedene Menschen betrachten die selbe Sache natürlich auch aus unterschiedlichen Perspektiven.

Während der Gewerkschafter es für eine gute Sache hält, mittels eines Streiks für eine Erhöhung seines Lohnes zu sorgen, hält ein Fabrik-Besitzer einen solchen Arbeitskampf sicherlich für ein großes Übel. Zwei Menschen betrachten die selbe Sache oftmals auf unterschiedliche Weise und kommen somit natürlich auch zu ganz verschiedenen Ergebnissen. Es hängt also nicht nur davon ab, was ich mit der Magie bewirke, sondern auch davon, wie ich dies bewerte.

Dennoch wollen wir der Einfachheit halber die Grenze zwischen schwarzer Magie und weißer Magie wie folgt definieren:

Findet eine magische Operation statt, um einem Menschen (selbstverständlich mit dessen Einverständnis) zu helfen, ihn zu schützen, zu unterstützen, Wissen oder Weisheit zu erlagen, so kann man dies wohl getrost als *„Weiße Magie"* bezeichnen.

Alle magischen Operationen, die zum Schaden anderer Menschen, gegen deren Willen, oder ohne deren Einverständnis ausgeführt werden, können als *„Schwarze Magie"* bezeichnet werden. Ich persönlich spüre einen starken, inneren Widerstand, wenn es um die Nutzung von „schwarzer Magie" geht und tue mich oftmals ausgesprochen schwer damit.

Da ich ohnehin nicht den Wunsch habe, anderen Menschen zu schaden, komme ich selten in die Verlegenheit einer solchen Entscheidung. Doch selbst, wenn ich angegriffen wurde, oder der Andere es wirklich verdient hätte, einen (magischen) Denkzettel zu bekommen, überlege ich vorher 10 Mal und lasse es dann in der Regel bleiben.

Ich zweifle kein bisschen daran, dass eine solche schwarz-magische Operation (aus meiner Perspektive) erfolgreich wäre. Ganz im Gegenteil:

Mir ist voll bewusst, dass ein solches Ritual einschlagen würde wie eine Bombe und dass es viele Wesen gäbe die mir mit Kusshand sofort dabei behilflich wären. Doch genau das ist es, was mich in aller Regel davon abhält, Schwarze Magie zu nutzen. Denn zum einen lässt sich das Endergebnis niemals zu 100% akkurat voraussehen und man könnte so eine Lawine von heftigen Ereignissen lostreten und zum anderen gibt es noch einen weiteren Aspekt, der dafür von Bedeutung ist: **Das Karma!**

Wie ist es mit dem Karma?

Das Prinzip des Karma ist vor allem aus fernöstlichen Philosophien bekannt und besagt im Wesentlichen, dass alles, was wir aussenden zu uns zurück kommt. In der öffentlichen Wahrnehmung ist das Prinzip des Karma vor allem mit dem Thema Reinkarnation (Wiedergeburt) verbunden. Dies ist sicherlich auch nicht verkehrt, aber das Karma für unsere Taten beschränkt sich eben nicht nur auf unsere nächsten Leben, sondern kann auch in unserer jetzigen Existenz durchaus gravierende Auswirkungen haben.

Es liegt mir fern, dich an dieser Stelle mit weitschweifigen Ausführungen von der Existenz des Karma zu überzeugen. Die Entscheidung, ob du das Karma in deine magische Arbeit einbeziehst oder nicht, liegt natürlich ganz bei dir. Ebenso wie die gesamte Verantwortung für deine magische Arbeit.

Dennoch möchte ich dir mitteilen, dass ich ziemlich sicher weiß, dass das Prinzip des Karma sehr wohl existiert und bisweilen durchaus gravierende Auswirkungen hat. Ich bin auch bei Weitem nicht der Einzige, der die Auswirkungen des Karma kennt und berücksichtigt.
Ich kenne keinen ernst zu nehmenden Magier, der sich des Karmas nicht bewusst ist.

Selbst erklärte Schwarzmagier wissen um die Wirkung des Karma und nutzen zum Teil sehr kreative Methoden, um das Karma zu umgehen beziehungsweise (zeitweise) auszuhebeln. Dies setzt jedoch eine umfassende Kenntnis der okkulten Wissenschaften voraus und ist definitiv nur eine Lösung auf Zeit. Letztlich muss sich jeder mit den Konsequenzen seiner Taten auseinander setzen.

Obwohl ich dir in diesem Buch das Grundwissen der Magie näher bringe, werde ich dir weder einen Vortrag über die grauenhaften Konsequenzen der „unmoralischen" Anwendung der Magie belehren, noch die Gefahren von schwarzer Magie beschwören. Du kannst aber davon ausgehen, dass absolut **jede** deiner Taten entsprechende Konsequenzen nach sich zieht, welche du tragen musst.

Da du dieses Buch in der Hand hältst, gehe ich davon aus, dass du ein kluger Mensch bist. Du solltest dich vor jeder Anwendung der Magie fragen, ob du gerade im Begriff bist, den freien Willen eines anderen zu verletzen. Wenn dem so ist, kannst du damit rechnen, dass dein Tun früher oder später auf dich zurück fällt. Wenn du es dennoch tust, so ist dies deine Entscheidung. Ich vermittele dir nur das entsprechende Wissen. **Die Verantwortung für die Nutzung dieses Wissens trägst nur du allein.**

Voraussetzungen

Mentale Voraussetzungen

Es gibt nicht viele Voraussetzungen, um erfolgreich Magie auszuüben. Wie bereits erwähnt, nutzen wir gewissermaßen alle ständig die Mechanismen der Magie. Der einzige Unterschied zwischen Magier und Muggel besteht nur darin, dass sich der Magier in vollem Umfang darüber bewusst ist und über die entsprechenden Fähigkeiten und Techniken verfügt, um bewusst die gewünschten Ereignisse in die Wirklichkeit zu bringen.

Wenn du bisher keinerlei Erfahrung mit der Ausübung von Magie hast, so ist das absolut kein Problem. Du musst noch nicht einmal daran glauben, dass Magie funktioniert. Es ist sogar hinderlich, verbissen an das Thema heran zu gehen und ungeduldig bestimmte Ergebnisse zu erwarten. Viele Techniken der Magie setzen sogar voraus, das der ursprüngliche Zweck der magischen Operation vergessen wird. Ein gutes Beispiel hierfür sind Sigillen. Mehr darüber erfährst du im Kapitel zur Sigillen-Magie.

Eine viel bessere Grundhaltung für beachtliche Resultate ist ein „Nicht-Wollen" oder „Nicht-Verhaftet-Sein".

Doch auch wenn du nicht verbissen spezifische Resultate erwarten solltest, so ist es dennoch erforderlich, dass du zumindest der Möglichkeit, (das Magie funktioniert) offen gegenüber stehst. Am besten eignet sich die Geisteshaltung, welche im Tarot durch die Karte *„Der Narr"* symbolisiert wird: Sei offen, frohen Mutes, experimentierfreudig und unbeschwert, wie ein Kind. Rechne zwar damit, dass deine Magie funktioniert, doch lege keine Verbissenheit an den Tag und erwarte auch nicht, dass das Ergebnis genau auf eine bestimmte Art und Weise eintritt. In der Magie und der Formulierung des magischen Willens-Satzes gilt ohnehin die Maxime:

Formuliere deinen magischen Willens-Satz grundsätzlich so allgemein wie möglich, so spezifisch, wie nötig!

Dies hat den Hintergrund, dass wir dem Universum (dem Leben, den magischen Gesetzen, usw.) somit die Möglichkeit offen lassen, das gewünschte Ergebnis auf eine beliebige Weise eintreten zu lassen. Uns ist es schließlich egal, ob wir einen bestimmten Geldbetrag gewinnen, von einem Freund geschenkt bekommen, oder ihn hinter einer Diele in unserer Garage finden. Die Hauptsache ist doch, dass wir das Geld erhalten.

Jeder Magier mit einer gewissen Erfahrung wird zweifelsohne bestätigen können, dass das Resultat eines Zauber sehr häufig auf merkwürdige, manchmal geradezu groteske, in jedem Falle aber völlig unerwartete Art und Weise in unser Leben tritt.

Geistige Gesundheit

Ein weiterer, wichtiger Punkt ist die geistige Gesundheit des angehenden Magiers. Denn diese ist eine essentielle Voraussetzung für das risikoarme Praktizieren wirksamer Magie. Wer Magie praktiziert, der ist immer wieder mit Phänomenen und Ereignissen konfrontiert, welche die Grenzen der Realität sprengen und durchaus auch beängstigend sein können. Zudem fühlen sich gerade geistig labile Menschen oftmals zu Grenzthemen aus den Bereichen Magie und Okkultismus angezogen.

Wer geistig nicht gefestigt ist, der sollte unbedingt und in jedem Falle die Finger von der Magie lassen. Bei psychisch labilen Menschen wird eine Beschäftigung mit Magie deren Zustand mit ziemlicher Sicherheit noch verschlimmern, so dass die Praxis der Magie durchaus wahnhafte Züge annehmen und zum mentalen Zusammenbruch führen kann. Gerade wer sich mit okkulten Themen beschäftigt, sollte unbedingt mit beiden Beinen auf der Erde stehen und einen festen Bezug zur Realität haben.

Bitte sei hier ehrlich zu dir selber! Wenn du Zweifel daran hast, ob du geistig stabil genug bist, solltest du dich (zumindest vorerst) nicht mit der Praxis der Magie beschäftigen. Die Entscheidung liegt natürlich nur bei dir. Dieser Ratschlag ist jedoch nur zu deinem Besten.

Magische Waffen und Zubehör

Nachdem wir uns nun dem richtigen Mind-Set gewidmet haben, möchte ich nun etwas genauer auf die materiellen Voraussetzungen eingehen, um erfolgreich Magie zu praktizieren. Obwohl die Wirkung der Magie nicht von irgendwelchen Gegenständen abhängt, so sollte man doch eine gewisse Grundausstattung besitzen, um wirksam und komfortabel arbeiten zu können.

Doch keine Angst: Du kannst hier durchaus mit einer kleinen (und günstigen) Ausstattung starten und diese nach und nach immer mehr erweitern. Die meisten Magier haben klein angefangen und ihr Arsenal im Laufe der Jahre stetig erweitert.

Nicht alle Gegenstände müssen teuer gekauft werden. Tatsächlich ist es sogar viel besser, wenn du so viel wie möglich selber herstellst. Auf diese Weise wird der jeweilige Gegenstand schon während der Herstellung mit Energie geladen und hat später eine viel engere Verbindung zu seinem Besitzer, als es ein gekaufter Gegenstand jemals haben könnte.

Willst du zum Beispiel deinen Stab selber herstellen, so musst du zunächst einen geeigneten Baum suchen, den perfekten Ast finden, seine Rinde abziehen, den Stab bearbeiten und bemalen, bis er die (für dich) perfekte Form hat.

Ich denke, es liegt auf der Hand, warum ein solcher Stab im Zweifelsfall besser geeignet ist, als jener, den du einfach beim Online-Händler deines Vertrauens in den Warenkorb legst und dir gegen entsprechendes Entgelt nach Hause liefern lässt. Der zweite Stab kann noch so schön aussehen: – Der selbstgemachte Stab ist durch den Prozess von Auswahl, Bearbeitung, etc. eng an dich gebunden und besitzt gewissermaßen eine eigene Seele.

Dennoch kann man einige Gegenstände auch ohne schlechtes Gewissen kaufen. Gerade bei Dingen, die man nicht so leicht herstellen kann (z.B. Schwert, Athame, oder Ähnliches) kann man auch getrost käuflich erwerben. Auch hier obliegt es dir und deinem gesunden Menschen-Verstand zu beurteilen, welche magischen Gegenstände man dazu kaufen kann und welche besser selbst hergestellt werden sollten.

Nachfolgend möchte ich dir eine kleine Auflistung dessen bieten, was du für die Praxis der Magie benötigst. Du kannst diese Dinge durchaus auch nach und nach anschaffen. Fehlende Dinge sollten keinesfalls als Ausrede dienen, nicht mit der Praxis der Magie zu beginnen.

Das magische Tagebuch

Das magische Tagebuch ist meiner Ansicht nach der wichtigste Gegenstand im Arsenal eines jeden Magiers. Man kann durchaus ohne Stab, Schwert, oder Räuchergefäß erfolgreich Magie praktizieren. Ohne magisches Tagebuch ist es (gerade am Anfang) jedoch sehr schwer, einen entsprechenden Überblick über Fortschritte, Resultate, magische Operationen und Entwicklungen zu behalten.

Gerade Magie-Anfänger unterschätzen oftmals die immense Bedeutung eines magischen Tagebuchs, obwohl gerade sie es am nötigsten haben. Erfahrene Hexen und Magier sind sich hingegen der großen Bedeutung ihrer Aufzeichnungen bewusst und würden unter keinen Umständen darauf verzichten, ihre magische Praxis in ihrem Tagebuch zu dokumentieren. Wer glaubt, er könne seine Übungen, magische Operationen und deren Ergebnisse im Geiste dokumentieren, der irrt sich gewaltig! Schon nach kurzer Zeit wird das Gedächtnis versagen und wir nehmen uns auf diese Weise die Möglichkeit im Nachgang wichtige Zusammenhänge herzustellen und auch im Rahmen der Erfolgskontrolle ist das magische Tagebuch ein wichtiges Hilfsmittel. Es genügt für unsere Zwecke ein ganz normales Notizbuch. Da es sich bei der Magie um eine Bewusstseins-Technologie handelt, kommt es in erster Linie darauf an, dass es dir selbst gefällt.

Die Einträge können einfach und bisweilen auch stichpunktartig vorgenommen werden. Führst du ein Ritual oder eine magische Operation zum ersten Mal aus, so solltest du etwas ausführlicher darauf eingehen und es in allen Einzelheiten beschreiben. Später kannst du einfach nur darauf verweisen und Stichpunkte zum Verlauf, oder den Ergebnissen notieren. Achte aber darauf, dass sich für dich auch in einigen Jahren noch klar erschließt, was gemeint war.

Notiere grundsätzlich **alle** magischen Arbeiten und Vorkommnisse, welche mit deiner magischen Arbeit in Verbindung stehen. Auch wenn etwas für dich heute keine besondere Bedeutung zu haben scheint, kann es zu einem späteren Zeitpunkt durchaus wichtig werden. Führe dein magisches Tagebuch sorgfältig und gewissenhaft und du wirst sehr bald von deinen Aufzeichnungen profitieren.

Tagebuch-Eintrag

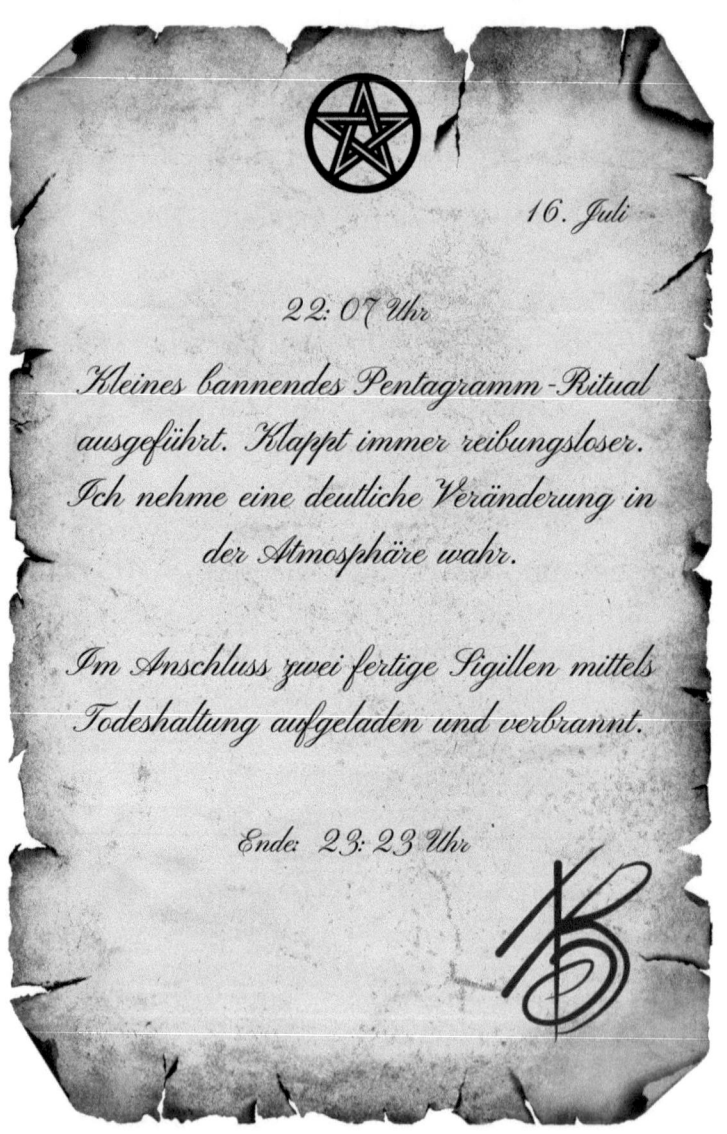

16. Juli

22:07 Uhr

Kleines bannendes Pentagramm-Ritual
ausgeführt. Klappt immer reibungsloser.
Ich nehme eine deutliche Veränderung in
der Atmosphäre wahr.

Im Anschluss zwei fertige Sigillen mittels
Todeshaltung aufgeladen und verbrannt.

Ende: 23:23 Uhr

Das Traumtagebuch

Unsere Träume spielen in der magischen Arbeit durchaus eine Rolle, denn sie vermitteln uns Botschaften von der „anderen Seite". In der geistigen Welt geschieht die Vermittlung von Informationen auf Basis von Symbolen. Und unsere Träume sind voll von Symbolen, welche sich uns zwar nicht immer gleich erschließen, aber dennoch einen Austausch mit der Anderswelt darstellen. Aus diesem Grunde ist es wichtig, auch seine Träume so gewissenhaft wie möglich zu dokumentieren.

Führe dein Traumtagebuch unter allen Umständen getrennt von deinem magischen Tagebuch. Beschaffe dir ein einfaches Notizbuch und lege es neben dein Bett, damit du darin direkt nach dem Aufwachen alles notieren kannst, an das du dich erinnerst. Sorge stets dafür, dass Traumtagebuch und Stift stets in Griffweite neben deinem Schlafplatz liegen. Nach dem Aufwachen gehen mit jeder Sekunde mehr Erinnerungen an die Erlebnisse während des Traumes verloren. Deshalb ist es wichtig, diese sofort in seinem Traum-Tagebuch zu notieren.

Wenn du dies eine Weile gemacht hast wirst du merken, dass du ich immer besser an deine Träume erinnern kannst. Zunächst werden Einträge kurz und unregelmäßig sein.

Nach einer kurzen Zeit kannst du dich fast täglich an deine Träume erinnern und immer mehr Details mit in dein Wach-Bewusstsein nehmen. Nach einigen Wochen wirst du mehrere Seiten mit Details aus deinen nächtlichen Erlebnissen notieren können und dein Traumgedächtnis wird sich stetig weiter verbessern und dir immer umfassendere Einblicke in deine Träume ermöglichen.

Mit der Zeit entwickelst du ziemlich sicher auch ein (sowohl intuitives, als auch intellektuelles) Verständnis für die Symbol-Sprache deiner Träume und bist in der Lage, Symbolik und Botschaften immer weiter zu entschlüsseln.

Paraphernalia und Zubehör

Der Stab

Das wohl bekannteste Instrument einer Hexe oder eines Magiers ist zweifellos der (Zauber-)Stab. Er begegnet uns ständig in Film, Fernsehen und Literatur, doch die wenigsten wissen, dass der Stab auch in der wahrhaftigen Magie Anwendung findet. Der Stab entspricht (auch im Tarot) dem Element Feuer, was wiederum Taten, Aktionen und pure Lebenskraft symbolisiert. Man nutzt ihn in der Magie (quasi als Verlängerung seiner Selbst), um mit seiner Hilfe Energie zu zentrieren und fokussiert auf einen Punkt auszurichten.

Der Stab symbolisiert die feurige Schöpfungs-Energie und steht somit in enger Verbindung zur menschlichen Sexualität. Was, wenn nicht Sex, könnte den Akt der Schöpfung besser repräsentieren und es ist nicht zu übersehen, dass der Stab in seiner Form dem Phallus ähnelt. Der Stab ist also ein materieller Ausdruck für den Willen des Magiers, mit dessen Hilfe dieser seinen Fokus und seine Energie auf ein bestimmtes Ziel ausrichtet.

Früher war der Stab das wichtigste Utensil eines Magiers und auch heute ist er nach wie vor von Bedeutung. Dennoch wird er zu Ritualzwecken mittlerweile auch immer häufiger durch den magischen Dolch (das Athame) ersetzt.

Der Stab sollte eines der ersten magischen Werkzeuge sein, welches du dir zulegst. Es ist zwar heute ohne weiteres möglich, zum Teil recht ansehnliche Stäbe über Amazon, Etsy, oder vergleichbare Online-Händler zu beziehen, doch ich rate dir dringend davon ab.

Stattdessen solltest du deinen Stab mit eigenen Händen anfertigen. Zum einen stärkt das deine Verbindung zu diesem magischen Werkzeug ganz erheblich und zum anderen kannst du im Laufe der Herstellung wichtige Erkenntnisse gewinnen, denn auch hier ist der Weg das Ziel. Dieser führt dich von den ersten Gedanken , über die Auswahl des Baumes, das Schneiden des Holzes und dessen Bearbeitung bis zur Weihung deines Stabes. Bist du diesen Weg jedoch gegangen, so wirst du nicht nur ein wirksames, magisches Werkzeug erhalten, sondern über den Akt der Herstellung auch ein viel tieferes Verständnis erlangen.

Das Schwert

Eine magische Waffe, welche zwar im wahrsten Sinne des Wortes „elementar" ist, aber nur sehr schwer selber hergestellt werden kann ist das Schwert. Das Schwert ist dem Element Luft zugeordnet und symbolisiert somit in erster Linie den (scharfen) Intellekt des Magiers. Es repräsentiert kühle Überlegungen, die Schärfe des Verstandes und ist eine Klarheit bringende Instanz, welche die, den Fokus des Magiers verzerrenden, Gefühle im Zaum hält.

In der magischen Praxis findet das Schwert nicht sehr oft Verwendung. In aller Regel wird es nur im Rahmen der magischen Evokation genutzt werden, welche wir aber erst an späterer Stelle im Kontext magischer Rituale behandeln werden. Es gehört nicht zu den Gegenständen, die du bereits zu Beginn deiner magischen Arbeit besitzen musst. Für diese Zwecke ist auch der magische Dolch (bzw. das Athame) ausreichend.

Der magische Kelch

Der Kelch repräsentiert (auch im Tarot) das Element Wasser und ist somit eng mit dem Unbewussten, sowie der Traum- und Gefühls-Ebene verbunden. Der magische Kelch besitzt somit selbst keine projizierenden Eigenschaften und ist vielmehr dem empfangenden Prinzip des Mondes zugeordnet.

In der magischen Praxis nutzt man den Kelch vor allem während eines Rituals, um damit Sakramente zu empfangen. Er wird außerdem als magischer Spiegel zu Zwecken der außersinnlichen Wahrnehmung genutzt. Hier dient der Kelch dem ausführenden Magier zur Beantwortung von Fragen, indem er in einem Zustand der Gnosis (einem veränderten Bewusstsein-Zustand) in den Kelch starrt, bis darin entsprechende Bilder erkennbar werden.

Das Pentakel

Das Pentakel spielt eine ganz besondere Rolle im Arsenal eines Magiers. So wie der Stab dem Feuer, der Kelch dem Wasser und das Schwert der Luft zugeordnet wird, so steht das Pentakel in Verbindung mit der Erde. Es ist im Normalfall eine flache Scheibe. Sie kann aus Ton, Holz, Wachs, Metall, oder anderen Materialien angefertigt werden.

Bei dem Pentakel geht es in hohem Maße um den Prozess der Anfertigung, denn es symbolisiert das (individuelle) Universum des Magiers selbst. Alles, was im Kosmos des Magiers eine Rolle spielt, wird in symbolischer Form auf dem Pentakel dargestellt. Und obwohl die Herstellung des Pentakels handwerklich keine Herausforderung ist, so erfordert sie doch ein hohes Maß an Selbsterkenntnis. Da sich alles in jedem Moment wandelt (also auch wir) ist das Pentakel stets unvollkommen und dynamisch.

Die magische Robe

Die magische Robe ist schon zu Anfang deiner Laufbahn eine durchaus sinnvolle Anschaffung. Es ist zwar durchaus möglich, auch ohne Robe magisch zu wirken. Es sollte aber dennoch dein Ziel sein, schnellstmöglich eine eigene Robe zu besitzen. Auch hier ist es natürlich am besten, wenn du diese selbst anfertigst. Dies gilt grundsätzlich für alle magischen Gerätschaften. Für den Anfang genügt es aber auch, einen Umhang, oder eine Robe zu kaufen.

Der Nutzen deiner magischen Robe liegt vor allem darin, dein Bewusstsein zu konditionieren. In der magischen Praxis wechseln wir regelmäßig zwischen unserem Allltags-Bewusstsein und einem veränderten (magischen) Bewusstseins-Zustand. Die Robe soll deinen Geist darauf trainieren, dass du dich gerade in deinem magischen Bewusstsein befindest. Aus diesem Grund darfst du die Robe auch nur im Rahmen der magischen Praxis tragen. Auf diese Weise wird dein Geist entsprechend geschult und mit der Zeit darauf konditioniert automatisch in dein „magisches Bewusstsein" zu wechseln.

Andere magische Gegenstände

Es existieren noch eine Reihe anderer Gegenstände, welche sich im Laufe deiner „magischen Karriere" ansammeln werden. Hierzu zählen vor allem Räuchergefäß und Räucher-Stoffe, Dolch oder Athame, der magische Ring, sowie Materialien zur Herstellung von Ölen und dergleichen. Für den Anfang genügt jedoch, eine Kenntnis der wichtigsten Gegenstände zu besitzen. Dieses Buch soll dir ohnehin erst einmal ein Grundverständnis der Magie vermitteln und dir helfen, die grundlegenden Fähigkeiten zu entwickeln. Wir werden daher erst im zweiten Band detailliert auf den Aufbau magischer Rituale eingehen. Dort werden vor allem der Altar und der Kessel an Bedeutung gewinnen. Bis dahin gibt es sehr wohl noch Einiges zu tun (und zu lernen), doch die magischen Waffen spielen bis zu diesem Zeitpunkt eine eher untergeordnete Bedeutung.

Divination

Wer ernsthaft Magie praktizieren will, der benötigt unweigerlich auch Techniken der Divination. Hierbei handelt es sich im Wesentlichen um Methoden, welche dir helfen Einblicke in verborgene Tendenzen und zukünftige Entwicklungen zu erlangen. Im Volksmund würde man dies vermutlich als „Hellsehen" oder „Orakel" bezeichnen.

Ein weit verbreiteter Irrtum besagt, dass es dabei darum geht, „in die Zukunft zu sehen", doch diese Aussage ist nicht wirklich zutreffend. Sinn und Zweck ist es eher, Verborgenes aus dem „Informationsfeld" auszulesen und einen umfassenderen Einblick in eine Angelegenheit zu gewinnen. Die herkömmlichen Methoden eignen sich nicht dazu, detailliert in die Zukunft zu sehen. Schließlich basieren alle gewonnen Informationen immer auf dem Ist-Zustand. Wird auch nur eine Kleinigkeit verändert, so ändert sich logischerweise auch das Ergebnis.

Die gängigen Techniken der Divination eignen sich allerdings hervorragend, um verborgene Aspekte, unbekannte Mechanismen und bestimmte Tendenzen zu erkennen. Dadurch weißt du zwar immer noch nicht, was genau in der Zukunft geschehen wird, doch du erhältst sehr interessante Informationen darüber, in welche Richtung sich eine Sache entwickelt und welche Mechanismen ihr zugrunde liegen.

Der Umfang dieses Buches reicht bei Weitem nicht aus, um in aller Ausführlichkeit auf eine der Divinations-Techniken einzugehen. Ich möchte sie dir trotzdem kurz vorstellen, damit du dich auf diesem Gebiet selber weiter bilden kannst. Die vorgestellten Techniken sind nicht nur interessant, sondern sie sind in der Lage, dir sehr erstaunliche Einblicke zu liefern, welche du anderweitig nicht erhalten würdest. Gerade Menschen, welche ernsthaft magisch arbeiten wollen, sind auf mindestens eine, funktionierende Divinations-Methode angewiesen. Dies hilft auch dabei, sich beim Aufbau von Ritualen abzusichern, Schwachstellen zu erkennen und Informationen abzugreifen, welche mit herkömmlichen Mitteln nicht zugänglich wären.

Dabei obliegt es dir selber zu entscheiden, welche Form der Divination dir am ehesten zusagt. Keine von ihnen ist „besser" oder „schlechter". Ausschlaggebend ist, dass sie für dich funktionieren und die entsprechenden Ergebnisse liefern. Aus langjähriger Erfahrung kann ich dir auch versichern, dass es sich bei dieser Art von Orakel keineswegs um *„Hokus Pokus"* handelt. Ich nutze zur Divination vor allem Runen und das Tarot. Diese Art des Orakels ist sehr zuverlässig und liefert gute Ergebnisse. Was allerdings tatsächlich vorkommt ist, dass man das Ergebnis des Orakels nicht richtig deuten kann. Oft ist es in diesen Fällen so, dass man die Legung erst versteht, wenn sich die entsprechende Tendenz verwirklicht hat.

Prinzipiell kannst du alle Divinations-Techniken nutzen, die du möchtest. Ob Tarot, Pendeln, Kaffesatz-Lesen, das i-Ging, oder ein Orakel mit Hühnerknochen: Wichtig ist, dass es dir zusagt und dir die gewünschten Einsichten gewährt. Damit du einige, bewährte Orakel-Techniken zur Auswahl hast, möchte ich dir diese hier kurz vorstellen.

Pendeln

Das Pendeln ist eine einfache, aber dennoch sehr effektive Art, verborgene Informationen ans Tageslicht zu holen und energetische Zustände abzufragen. Richtig ausgeführt (!) liefert es zwar durchaus sehr wertvolle Ergebnisse, bietet dafür aber nur die Möglichkeit zur Beantwortung einfacher Fragen. Dies hat den Hintergrund, dass so nur solche Fragen beantwortet werden können, die sich mit „Ja", oder „Nein" beantworten lassen. Daher eignet sich das Pendeln zwar als ergänzende Methode der Absicherung, kann aber nicht als Divinations-Methode im herkömmlichen Sinne betrachtet werden. Trotzdem lässt sie sich (gerade für einfache Fragen) hervorragend nutzen.

Tarot

Das Tarot ist eine fantastische Form des Orakels und liefert in aller Regel ganz hervorragende Ergebnisse. Es zeichnet sich vor allem durch die facettenreichen Antwort-Möglichkeiten aus und liefert mir in der Praxis seit vielen Jahren hervorragende Ergebnisse.

Das Tarot besteht aus insgesamt 78 Karten. Davon bilden 22 Karten die großen Arkana, welche im Wesentlichen bestimmte, kosmische Prinzipien und Vorgänge beschreiben. Die restlichen Karten (die kleinen Arkana) beziehen sich auf zwischenmenschliche Zusammenhänge. Gerade wegen der vielen Möglichkeiten lassen sich mit Hilfe des Tarots sehr gut die zugrunde liegenden Mechanismen einer Angelegenheit erkunden. Es eignet sich außerdem sehr gut, um mögliche Entwicklungen und Tendenzen bereits im Vorfeld zu erkennen.

Das Besondere am Tarot ist, dass die 78 Karten eine komplette Weisheits-Lehre enthalten. Das Tarot basiert im Grunde auf der jüdischen Kabbalah und enthält (in verschlüsselter Form) quasi den Bauplan der Schöpfung. Um dies zu erkennen ist allerdings ein fundiertes Studium der Karten grundlegend. Aufgrund seiner vielfältigen Möglichkeiten ist eine Beschäftigung mit dem Tarot absolut empfehlenswert.

Runen

Der Name „Runen" bedeutet soviel wie „Geheimnis", oder „Mysterium". Dies lässt sich auch leicht aus dem artverwandten Wort in vielen Sprachen ableiten.Der Begriff ist auch eng mit dem deutschen Wort „raunen" verknüpft. Obwohl die Runen durchaus auch als Schriftzeichen genutzt wurden, bilden sie keine Sprache im eigentlichen Sinne. Jede Sprache weist gewisse Muster und Regeln auf, die sich im Falle der Runen gänzlich vermissen lassen. Die Runen sind eine Reihe von archetypischen Symbolen. Eine jede verkörpert dabei ein ganz anderes Prinzip des Kosmos und dessen zugrunde liegende Energien. Daher sind die Runen von ihrem Wesen her Zauberzeichen und Weisheits-Lehre zugleich, welche aber prinzipiell auch als Schriftzeichen genutzt werden *können*.

Eine weitere, hervorragende Möglichkeit zur Divination ist das Runen-Orakel. Dieses liefert (ähnlich wie das Tarot) erstaunlich präzise Ergebnisse. Es kommt zwar hin und wieder vor, dass man das Ergebnis einer Runen-Legung erst sehr viel später zur Gänze erfasst, ich habe es aber bisher noch nie erlebt, dass das Resultat gänzlich falsch gewesen wäre. Zudem ist das Runen-Legen (oder -Werfen) im Grunde erstaunlich einfach. Du kannst die Runen dabei ein fach so ziehen, oder dich an einem bestimmten Lege-Muster orientieren.

Die Runen eignen sich ganz wunderbar für magische Zwecke, da sie nicht nur als Orakel-Werkzeug nützlich sind, sondern auch explizit für magische Operationen verwendet werden. Etwas mehr dazu später in diesem Buch.

Wenn du dich für die Kraft der Runen interessierst, dann kann ich dir „Das Buch der Runen" ans Herz legen. Ich war lange auf der Suche nach einem guten Runen-Buch, doch diese Bücher waren oft zu unübersichtlich geschrieben, oder mit unnützen Füll-Texten in die Länge gezogen. Aus diesem Grund habe ich versucht, in meinem Buch alles Wissenswerte über die alten Zauberzeichen der Germanen in möglichst kompakter und einfacher Form zusammen zu tragen. Trotzdem findest du alle relevanten Informationen zu Runen, Runen-Magie, Runen-Orakel, umfassende Deutungen zu jeder Rune, sowie deren magischer Nutzung. Mehr Infos dazu findest du am Ende des Buches.

Die vier magischen Weltbilder

Wer die Grundlagen der Magie beherrscht und um die verborgenen Gesetze der Natur weiß, der kann bestätigen: Magie funktioniert! Und auch wenn die Grund-Prinzipien der Magie für jeden gleich sind, so gibt es doch ganz unterschiedliche Möglichkeiten und Modelle, in denen man sich bewegen kann. Diese spielen eher eine Rolle für dich selber, da grundsätzliche jedes dieser magischen Weltbilder funktioniert. Hier ist keines besser als das andere, aber jeder Magier entwickelt in der Regel eine gewisse Vorliebe für eines dieser Modelle und arbeitet fortan in diesem Paradigma.

Du solltest dich zunächst kurz mit jedem dieser Modelle vertraut machen und sie auf dich wirken lassen. Vermutlich bedarf es keiner wirklichen Entscheidung, sondern du fühlst dich intuitiv (und wie selbstverständlich) zu einem dieser Modelle hingezogen. Ich werde die verschiedenen, magischen Weltbilder auf den kommenden Seiten kurz vorstellen. Dabei möchte ich eines ganz besonders betonen:

Jedes dieser Modelle ist richtig und jedes dieser Modelle funktioniert einwandfrei!

Im Wesentlichen unterteilt man die Modelle der Magie wie folgt:

Das Geister-Modell

Beim Geister-Modell wird davon ausgegangen, dass prinzipiell alles beseelt ist und Wesenheiten aus anderen Ebenen laufend mit unserer materiellen Realität interagieren. Hier werden Dämonen, Engel und Geister als ganz reale Wesenheiten angenommen. Sie sind nicht mehr oder weniger real, als du oder ich. Das Geister-Modell ist das wohl am weitesten verbreitete, magische Weltbild und hatte während der vergangenen Jahrtausende eine Art Monopol-Stellung.

Im Geister-Modell würde man beispielsweise annehmen, dass bei den Erscheinungen einer Besessenheit tatsächlich ein Dämon Besitz von dem Betroffenen genommen hat und ein herkömmlicher Exorzismus wäre angebracht. Arbeitet man in diesem Paradigma, ist es also notwendig, die fremde Wesenheit aus dem Körper des Besessenen zu vertreiben. Diese Annahme ist auch keineswegs falsch und jeder Magier mit etwas Erfahrung wird durchaus bestätigen können, dass sehr reale, feinstoffliche Wesen mit einer eigenständigen Agenda existieren. Man kann ihre Existenz jedoch auch anders interpretieren bzw. erklären

Das Energie-Modell

Dieses Modell geht davon aus, dass alle Erscheinungen in der Magie grundsätzlich durch den Einsatz, das Fehlen, oder das Ungleichgewicht von Energie begründet sind. Auch diese Annahme ist grundsätzlich völlig richtig, denn letztlich ist tatsächlich alles Energie und selbst hier auf der materiellen Ebene dreht sich im Prinzip alles um den Austausch von Energie. Mehr dazu werde ich im Kapitel *„Tanz der Energien"* erläutern. Das Energie-Modell ist ein relativ junges, magisches Weltbild, welches erst im Laufe dieses Jahrhunderts wirklich an Bedeutung gewonnen hat. Dennoch ist es durchaus möglich, magische Prozesse im Rahmen dieses Paradigmas zufriedenstellend zu erklären. Das Energie-Modell ist also nicht mehr oder weniger richtig, als die anderen drei magischen Weltbilder.

Wo das Geistermodell in unserem Beispiel von einer dämonischen Besessenheit ausgehen würde, wäre dies im Energie-Modell ein Befall von schädlicher Fremd-Energie angenommen. Diese müsste dann behoben werden, indem man die unerwünschte Energie aus dem System des Betroffenen entfernt, so dass die davon ausgelösten Effekte abklingen können.

Das Informations-Modell

Dieses Modell geht davon aus, das grundsätzlich alles Information ist und auch dies ist eine völlig zutreffende Tatsache. Während man im Geister-Modell davon ausgeht, dass man es mit leibhaftigen, feinstofflichen Wesen zu tun hat, nimmt man im Energie-Modell an, dass alles auf der Grundlage von Energie geschieht und das letztlich alles Energie ist. Das Informations-Modell hingegen basiert auf der Annahme, dass alles Information ist und dass magische Prozesse auf der Basis von Informations-Austausch ablaufen. Auch diese Theorie ist prinzipiell korrekt. Es ist einfach eine Sache des gewählten Paradigmas.

Im Fall der exemplarischen Besessenheit wäre es hier eine fehlerhafte Information, welche der betroffenen Person Schaden zufügt. Diese Information müsste hier also idealerweise gelöscht bzw. überschrieben werden. Das was im Geistermodell von einem Dämon und im Energie-Modell über ein energetisches Ungleichgewicht ausgelöst wird, erklärt man im Informations-Modell also mit einer schädlichen Verzerrung im Informations-Feld des Besessenen.

Das psychologische Modell

Das psychologische Modell hat eigentlich erst im Laufe der letzten Jahrzehnte an Bedeutung gewonnen und nach und nach als eigenes Paradigma Eingang in die Magie gefunden. Was in den anderen drei Modellen mit Wesenheiten, energetischen Abläufen, oder dem Austausch von Daten erklärt, wird hier auf der psychologischen Ebene interpretiert. Wie du dir schon Denken kannst ist auch diese Herangehensweise nicht mehr oder weniger korrekt, als die anderen Modelle. Das psychologische Modell hat für viele Menschen in unserer, auf Materialismus konditionierten, Zivilisation allerdings den Vorteil, dass man sich magische Prozesse in diesem Paradigma schlichtweg mit psychologischen Abläufen erklären kann. Gerade Neulinge mit relativ starker, materialistischer Konditionierung haben hier das Gefühl, dass magische Effekte sich so mit weniger *„Hokus Pokus"* erklären lassen.

Im Beispiel einer Besessenheit würde man im psychologischen Modell also annehmen, dass verborgene Schatten-Anteile der eigenen Psyche aus dem Unbewussten in das Alltags-Bewusstsein gelangt sind und dessen Funktion nun massiv negativ beeinflussen. Um den Betroffenen von den Effekten zu befreien, würde man ihn hier also mit seinen Schatten-Anteilen aussöhnen, um gegen die Folgen der Besessenheit anzugehen.

Entscheide selbst...

Wie du sicherlich gemerkt hast, hat jedes dieser magischen Weltbilder seine Berechtigung. Man kann also grundsätzlich in jedem dieser Paradigmen arbeiten. Das einzig Wichtige ist, mit welcher Sichtweise du dich am wohlsten fühlst. Es ist auch gar nicht notwendig, dass du dich vor Beginn deiner „magischen Karriere" ganz bewusst für eines der Modelle entscheidest, sondern du wirst vermutlich im Laufe der Zeit feststellen, dass du du dich bereits unbewusst und intuitiv einem der genannten Weltbilder zugewandt hast. Es ist auch durchaus möglich, je nach Angelegenheit mit mehreren Modellen zu arbeiten. Entscheidend ist auch hier, womit du dich persönlich wohl fühlst, denn was für dich funktioniert, besitzt seine Berechtigung.

Mach dir also keine großen Gedanken darüber, welches dieser Paradigmen nun für dich passen könnte. Dies wird sich im Laufe der Zeit von ganz alleine ergeben. Dennoch wollte ich, dass du zumindest weißt, dass es möglich ist, mit jedem dieser Modelle erfolgreich Magie zu praktizieren. Ich persönlich bevorzuge übrigens das Geister-Modell, wechsele dabei aber hin und wieder hinüber ins Energie-Modell. Welches Modell sagt dir auf den ersten Blick am ehesten zu?

Schulung der magischen Fertigkeiten

Bei der Magie handelt es sich (wie schon erwähnt) um eine Bewusstseins-Technologie, mit deren Hilfe sich wahrhaft unglaubliche Ergebnisse erzielen lassen. Um diese hohe Kunst aber wirklich effizient einsetzen zu können, müssen bestimmte Fähigkeiten bis zu einem gewissen Grad erlernt und das Bewusstsein entsprechend auf den magischen Einsatz vorbereitet werden.

Streng genommen zieht jeder Mensch ständig mit Hilfe seines Geistes bestimmte Ereignisse in sein Leben, welche eben dem jeweiligen Stand seines Bewusstseins, sowie bestimmten, anderen Faktoren entsprechen. Es ist wichtig zu wissen, dass es in letzter Konsequenz keine Zufälle gibt. Es existieren lediglich Wahrscheinlichkeiten nach denen ein bestimmtes Ereignis eintritt, oder eben nicht. Unser Bewusstsein ist das Instrument, welches nach bestimmten Parametern darüber entscheidet, welche Resultate wir letzten Endes in unser Leben ziehen.

Dies geschieht immer und ständig. Jeder tut es, denn es handelt sich hierbei schlichtweg um ein Natur-Gesetz. Nicht weniger bindend als die Schwerkraft.

Der Unterschied liegt darin begründet, dass diese (geistigen) Gesetzmäßigkeiten der breiten Masse völlig unbekannt sind. Deshalb sind sie aber nicht weniger wirksam. Es ist auch kein Zufall, dass diese Natur-Gesetze den meisten Menschen gänzlich verborgen sind. Tatsächlich wird dieses Wissen von bestimmten Kreisen ganz bewusst verschwiegen, denn es bietet ihnen ganz erhebliche Vorteile, wenn es um die Festigung ihrer Macht und die Kontrolle ihrer Mitmenschen geht, auf welche diese Leute sehr oft geringschätzig herabblicken. Dies wird auch klar kommuniziert, so dass man die ganz normalen Durchschnittsmenschen dort oftmals abwertend als „Profane", oder „Ungeborene" bezeichnet.

Ich erzähle dies nicht, um damit wie auch immer gearteten Verschwörungs-Theorien Vorschub zu leisten. Und erst recht nicht, um zum Kampf gegen irgend eine „böse Elite" aufzurufen, denn damit erreicht man (den magischen Gesetzmäßigkeiten entsprechend) genau das Gegenteil, denn die *Energie folgt der Aufmerksamkeit*. Ich denke jedoch, dass jeder, der dieses Wissen aufrichtig begehrt und die nötige Intelligenz besitzt, um es zu verwerten, auch uneingeschränkten Zugang zu diesem Wissen erhalten sollte. Es werden ohnehin immer nur Wenige sein, welche sich tief im Inneren zu diesem Weg berufen fühlen.

Dennoch gelten diese okkulten (*lateinisch occultus: verborgen, verdeckt, geheim*) Naturgesetze für jeden Menschen. Dabei ist es völlig unerheblich, ob man sich dessen bewusst ist, oder nicht. Werden diese Gesetze aber ganz bewusst genutzt, so nennt man dies: *Magie*

Grundsätzlich kann jeder diese verborgenen Naturgesetze für sich nutzen. Willst du die Techniken der Magie auf Grundlage dieser Gesetzmäßigkeiten anwenden, um dein Leben zu beeinflussen, so solltest du dein Bewusstsein gründlich auf einen solchen Einsatz vorbereiten und es auch später immer weiter trainieren. Denn bei der Anwendung von Magie (und allen anderen geistigen Fähigkeiten) gilt das gleiche Prinzip, wie überall sonst im Leben: *Übung macht den Meister!*

Im Rahmen dieses Bandes geht es in erster Linie darum, die Grundlagen der Magie zu vermitteln und dich zu befähigen, sie erfolgreich im Alltag anzuwenden. Es gibt hierzu eine ganze Reihe sinnvoller Übungen. Viele davon werde ich auch im zweiten Band dieser Buchreihe behandeln. Zunächst möchte ich mich aber auf eine Auswahl der (meiner Einschätzung nach wichtigsten) Übungen beschränken. Wenn du diese diszipliniert und vor allem regelmäßig durchführst, bilden sie das ideale Fundament, um im Rahmen deiner ersten, magischen Operationen erfolgreich zu wirken.

Es geht bei der Ausführungen nicht darum, Rekord-Leistungen zu erbringen, oder die Übungen zu seinem Lebens-Mittelpunkt zu machen. Viel mehr ist es die Regelmäßigkeit, welche letztlich zum Erfolg führen wird. Es ist also viel besser, jeden Tag 20 – 30 Minuten, als alle paar Wochen mehrere Stunden am Stück zu üben.

Auf diese Weise werden nicht nur die entsprechenden Schlüssel-Fertigkeiten ausgebildet, sondern dass Bewusstsein wird durch die regelmäßige Betätigung darauf konditioniert, auf die Materie einzuwirken. Beherzigst du diesen Ratschlag und bleibst am Ball, so werden sich bald die ersten Effekte einstellen, die dann nochmal einen erheblichen Motivationsschub liefern.

Ich empfehle, zunächst täglich eine der vier folgenden Übungen durchzuführen. Die ersten beiden Übungen scheinen auf den ersten Blick einfach, sind aber höchst effektiv. Die beiden anderen Übungen (bzw. Fertigkeiten) hingegen können über viele Jahre immer weiter perfektioniert werden, ohne dass man je die endgültige Perfektion erreicht. Alle vier Übungen sind jedoch sehr wichtig und werden auch von renommierten, magischen Orden als feste Lerninhalte für Novizen vorausgesetzt. Es handelt sich dabei um:

1. **Bewegungslosigkeit (Asana)**

2. **Atemkontrolle (Pranayama)**

3. **Gedankenkontrolle & Gedankenstille**

4. **Visualisierung**

Bewegungslosigkeit (Asana)

Bei der ersten Übung geht es darum, den Körper völlig bewegungslos zu halten. Begib dich dazu in eine Körperhaltung, die dich nicht dazu verleitet, einzuschlafen. Liegende, oder allzu bequeme Körperhaltungen sind also anfangs nicht sehr geeignet. Gerade zu Beginn solltest du sitzende oder stehende Körperhaltungen bevorzugen. Hast du eine bestimmte Haltung eingenommen, verharre völlig bewegungslos darin!

Während du in der Bewegungslosigkeit verharrst, beobachte dich passiv. Dies gilt sowohl für die körperlichen Reaktionen, als auch für die geistigen Prozesse. Nimm wahr, was in deinem Körper und deinem Geist geschieht. Versuche den Drang nach Bewegung zu unterdrücken und ignoriere bewusst auftretende Reize wie ein Jucken, oder Ähnliches.

Versuche, die Bewegungslosigkeit so lange wie irgend möglich zu halten. Vielleicht sind es anfangs nur einige Minuten. Das ist kein Problem. Ziel ist es, die Phase der Bewegungslosigkeit zunächst auf mindestens 15 Minuten auszudehnen. Erreichst du dieses Ziel an mehreren aufeinanderfolgenden Übungstagen, so versuche die Zeit nach und nach auf bis zu 30 Minuten zu strecken.

Atemkontrolle (Pranayama)

Bei dieser Übung geht es darum, sich seinen Atem bewusst zu machen und zu kontrollieren. Das Wort Prana kommt aus dem Sanskrit und bezeichnet die Lebensenergie. Wir alle wissen, dass die Atmung lebenswichtig ist, doch sie spielt eine wesentlich zentralere Rolle bei der Aufnahme von Energie, als den meisten Menschen bewusst ist.

Beginne während deiner Asana-Übung ganz langsam zu atmen. Wiederhole in vollem Bewusstsein die Abfolge von einatmen, halten, ausatmen – einatmen, halten, ausatmen. Halte diese bewusste Atmung während der ganzen Übung aufrecht und dehne den Prozess ebenfalls erst auf 15 Minuten und schließlich bis zu maximal 30 Minuten aus.

Gedankenkontrolle bzw. Gedankenstille

Diese Übung ist absolut essentiell für die magische Arbeit, da sich nur mit einem ruhigen Geist befriedigende Ergebnisse erreichen lassen. Zudem wird dir diese Fähigkeit auch im profanen Alltags-Leben hervorragende Dienste erweisen. Denn was gibt es stressigeres, als ständig von seinen eigenen Gedanken getrieben zu sein und ein Dasein als Opfer seiner eigenen Sorgen und Grübeleien zu fristen.

Beginne deine Gedanken zunächst ganz bewusst zu beobachten. Lasse sie einfach vorbeiziehen und beobachte dabei den stetigen Strom der Gedanken, ohne etwas damit zu machen, oder gar darin verhaftet zu sein. Nimm wahr, was dabei in dir geschieht! Wer denkt hier? Und wer beobachtet?

Nach einer Weile kannst du damit beginnen, bewusst in diesen Prozess einzugreifen. Versuche den Strom der Gedanken komplett zu stoppen. Sobald dir das gelingt, experimentiere damit. Du kannst den Gedankenstrom nun anhalten und wieder starten, anhalten und wieder starten, usw. Schon bald wirst du bemerken, wie nützlich es ist, seine eigenen Gedanken auf diese Weise kontrollieren zu können.

Visualisierung

Eine der wichtigsten Fähigkeiten in der Magie ist ohne Frage die Visualisierung. Hier geht es darum, Bilder im Kopf entstehen zu lassen und diese letztlich **mit allen Sinnen** zu erfahren. Du wirst die Visualisierung in deiner magischen Praxis ständig nutzen, weshalb es absolut sinnvoll ist, diese Fertigkeit ständig weiter zu kultivieren. Hier kann man sich der Perfektion nur immer weiter annähern, wird aber immer wieder Möglichkeiten zur Verbesserung finden.

Ziel ist es, bestimmte Bilder so detailreich wie irgend möglich in sich selbst zu erzeugen und dabei möglichst viele Sinneserfahrungen zu integrieren. Dir wird im Laufe deiner Karriere auffallen, wie grundlegend Visualisierungen in der praktischen Magie sind. Dieses Thema wird dir immer wieder begegnen und wird in dieser Buch-Reihe auch noch ausführlicher behandelt.

Um dich mit dieser Schlüssel-Fähigkeit vertraut zu machen und dir die Möglichkeit zu geben, diese weiter auszubilden empfehle ich, diese Übungen so oft wie irgend möglich zu wiederholen. Vermutlich wirst du dieses Training auch recht bald gar nicht mehr als Anstrengung empfinden. Nimm dir ausreichend Zeit für diese Übungen und mache sie zu einem festen Bestandteil deines Alltags!

Übung 1

Nimm eine entspannte Grundhaltung ein, schließe die Augen und erinnere dich bewusst an eine Szene aus deiner Kindheit. Nun versuche, dir diese Szene so genau wie irgend möglich vorzustellen und lasse das entsprechende Bild in dir aufkommen. Wenn du ein halbwegs stabiles Bild erzeugt hast, beziehe alle deine Sinne mit ein. Wie riecht es? Welche Geräuschkulisse kannst du wahrnehmen? Welche Gefühle kommen in dir auf? Halte das Bild in seiner ganzen Lebhaftigkeit eine Weile aufrecht, bevor du es letztlich verebben lässt. Notiere deine Eindrücke und Fortschritte in deinem magischen Tagebuch!

Übung 2

Wähle eine bestimmte Person, die zwar noch lebt, sich aber derzeit nicht in deiner Nähe befindet. Nun lasse ein Bild davon aufkommen, was diese Person wohl gerade tut. In welcher Szenerie befindet sich dieser Mensch gerade? Nimm auch hier mit allen Sinnen wahr! Wie riecht es dort? Was hörst du und wie fühlt sich die Person in der entsprechenden Situation? Halte das Bild noch etwas aufrecht und beobachte, was geschieht! Beende die Übung, wenn es sich für dich stimmig anfühlt und notiere wie immer deine Eindrücke!

Übung 3

Bei dieser Übung geht es um dich selbst. Lasse ein Bild von dir in der Zukunft entstehen! Erzeuge beispielsweise einen Eindruck davon, wie du in fünf oder zehn Jahren (oder gar als wirklich alter Mensch) aussiehst und beobachte die Szenerie genau! Nimm auch hier wieder wie gewohnt mit allen Sinnen wahr. Wie siehst du aus? In welchem Umfeld befindest und wie fühlst du dich? Koste diese Erfahrung aus und notiere alle Eindrücke in dein Tagebuch!

Übung 4

Nun nimm einen beliebigen Wunsch, den du dir erfüllen möchtest und stell dir vor, wie er sich erfüllt hat. Lasse ein Bild davon entstehen! Hast du dir beispielsweise ein neues Auto gewünscht, so stelle dir lebhaft und mit vielen Details vor, wie du mit deinem neuen Wagen an einem sonnigen Tag über die Autobahn fährst. Spüre, wie die Sonnenstrahlen durch die Frontscheibe auf dein Gesicht fallen. Spüre die Geschwindigkeit, den Lederbezug des Lenkrads an deinen Handflächen und nimm den blubbernden Sound des Auspuffs, sowie den charakteristischen Neuwagen-Geruch wahr. Halte dieses Bild aufrecht.

Während du (in deinem inneren Bild) über die Autobahn jagst, spüre wie es sich anfühlt, dass du dir diesen Wunsch endlich erfüllt hast. Spüre die aufkommende Freude in dir. Vielleicht kommt in dir ein Gefühl der Euphorie auf!

Tauche tief in die Emotionen ein, welche die Erfüllung deines Wunsches mit sich bringt, während du die Szene in deiner bildlichen Vorstellung aufrecht hältst. Halte dieses Bild und die dazugehörigen Gefühle so lange wie möglich in deinem Bewusstsein. Notiere im Anschluss deine Erfahrungen in das magische Tagebuch.

Das Ergebnis vorweg nehmen!

Vielleicht hast du gemerkt, dass die letzte Übung (Übung 4) sich etwas von den anderen Visualisierungs-Übungen unterscheidet. Auch hier wurde unter Zuhilfenahme aller Sinne ein Bild in deinem Bewusstsein erzeugt. Der Unterschied liegt darin, dass du dir geistig einen deiner Wünsche erfüllt und das Ganze mit den entsprechenden Gefühlen erlebt hast. Herzlichen Glückwunsch: **Du hast soeben Magie praktiziert!**

Man sagt zu dieser Technik „das Ergebnis vorweg nehmen" und es handelt sich um seine sehr effiziente Methode, bestimmte Ereignisse in die Wirklichkeit zu ziehen. Doch nicht nur Magier verwenden diese Methode, um ihren Willen zu manifestieren und gewünschte Ereignisse herbeizuführen. Diese Technik kommt tatsächlich auch sehr häufig im Leistungs-Sport zur Anwendung.

Professionelle Mental-Trainer trainieren ihre Schützlinge darauf, den Weg zum Sieg, sowie den Sieg selber im Geiste durchzuspielen und ihre Visualisierungs-Fähigkeiten dabei immer weiter auszubilden. Ein Ski-Springer würde sich beispielsweise vorstellen, wie er nach dem perfekten Start und der idealen Abfahrt den Sprung seines Lebens ausführt. Diesen Ablauf visualisiert der Athlet im Anschluss immer und immer und immer wieder.

Doch damit nicht genug. Auch die entsprechenden Emotionen werden in das erzeugte Bild integriert, was dem geistigen Bild erst wirklich Kraft verleiht und es (neben der psychologischen Komponente) zu einem Akt wahrer Magie macht, was dazu geeignet ist, die Wahrscheinlichkeiten signifikant zu seinen Gunsten zu beeinflussen.

Auch der Moment des Triumphs gehört untrennbar zu dieser Übung. Der Sportler stellt sich dabei lebhaft und mit allen Sinnen vor, wie er nach seinem perfekten Sprung auf dem Siegertreppchen steht und beobachtet, wie die Flagge seines Landes gehisst wird, während die Nationalhymne erklingt. Er durchlebt die aufsteigenden Gefühle diese großartigen Sieges und fühlt, wie ihm der kalte Wind in das Gesicht bläst, während er in seiner Vorstellung damit beschäftigt ist, Tränen der Freude zurück zu halten. Er durchlebt im Geiste diesen Mix von Gefühlen (wie etwa Freude, Stolz, Euphorie, usw.), während er das entsprechende Bild in seinem Bewusstsein aufrecht erhält. Dieses Prinzip nennt man in der Magie:

Das Ergebnis vorweg nehmen

Diese Methode ist unglaublich kraftvoll. Vor allem wenn sie von einem trainierten Geist ausgeführt wird. Ich habe es tatsächlich schon oft erlebt, dass alleine diese Technik ausreicht, um dafür zu sorgen, dass sich das gewünschte Ereignis innerhalb kürzester Zeit manifestiert. Es konditioniert nicht nur unser Bewusstsein auf einer psychologischen Ebene auf die Erfüllung unseres Wunsches, sondern beeinflusst auf magischer Ebene die Wahrscheinlichkeit eines Eintritts so erheblich, dass schon diese Methode alleine oftmals ausreicht, um den Willen des Magiers zur Wirklichkeit werden zu lassen.

Damit die Technik jedoch mit maximalem Erfolg genutzt werden kann, ist es wichtig, den eigenen Geist darin zu schulen. Deshalb rate ich dir, die oben genannten Übungen so oft wie irgend möglich durchzuführen. Du musst dich dafür nicht zwangsläufig abschotten, sondern kannst das Training einfach zu passenden Momenten einfach in deinen Alltag integrieren. Bringe die inneren Bilder immer mehr zur Perfektion, arbeite Details heraus und versuche, deine Sinneswahrnehmungen immer intensiver werden zu lassen.

Hast du deine ersten Erfahrungen damit gemacht, solltest du beginnen, die emotionale Ebene zu integrieren, denn erst die Verbindung von Gefühlen mit diesen inneren Bildern macht diese Technik zu echter Magie und wirkt (was den Effekt betrifft) wie ein Turbo-Boost.

Nimm für Übung 4 auf jeden Fall deine wahren Wünsche und male dir mit allen Details und den dazugehörigen Emotionen immer detaillierter aus, wie es ist, wenn sie sich erfüllt haben. Wenn du diese Fähigkeit immer wieder trainierst und diszipliniert am Ball bleibst, wäre es keineswegs eine Überraschung für mich, wenn der ein oder andere deiner Wünsche alleine aufgrund deines regelmäßigen Trainings recht bald in Erfüllung gehen würde.

Bewusstsein und Zensor

Die Funktionsweise von Magie ist komplex, da die Ergebnisse von vielen, verschiedenen Faktoren abhängig sind. Erfahrene Magier können grundsätzlich auf ganz verschiedenen Wegen zum Erfolg gelangen und die magischen Strömungen sind zahlreich.

Im Laufe der Zeitalter wurde die Magie in ganz verschiedenen Formen und Ausprägungen praktiziert. Dennoch gibt es einige Konstanten. Grundbausteine der Magie. Und jede Form von Ritus oder magischer Technik, welche wirklich erfolgreich und wirksam ist, beinhaltet in der einen oder anderen Form einige, bestimmte Elemente.

Wie ich schon früher in diesem Buch erwähnt habe, handelt es sich bei der hohen Kunst der Magie letztlich um eine fortschrittliche Bewusstseins-Technologie, welche auf okkulten (verborgenen) Gesetzmäßigkeiten beruht. Um die Wirkungsweise der Magie zu verstehen ist es deshalb nötig, zumindest eine grobe Kenntnis von der Funktion unseres Bewusstseins zu besitzen, welches wir dazu (sehr grob) in drei verschiedene Komponenten unterteilen wollen: Das Tages- (oder Wach-) Bewusstsein, das Unter-, oder Unbewusste, sowie die dazwischen liegende Instanz, den Zensor. Dieser dient als Filter in beide Richtungen und ist für die Magie daher von ganz besonderem Interesse.

Das Tagesbewusstsein ist uns allen ein Begriff. Es handelt sich dabei um unser Alltags-Bewusstsein, in welchem wir uns während unserer Wachperiode befinden. Es eignet sich hervorragend dazu, unsere alltäglichen Herausforderungen zu bewältigen.

Ein (im magischen und psychologischen Sinne) weitaus höheres Potenzial besitzt hingegen unser Unterbewusstsein. Es ist unendlich viel umfangreicher als das Tagesbewusstsein und beherbergt schier unendliche Mengen an Daten. Man kann das Bewusstsein mit einem Eisberg vergleichen, wobei die Spitze das Alltags- und der größere Teil unter der Wasseroberfläche das Unter-Bewusstsein repräsentiert. Gerade das Unbewusste ist für die Magie von enormer Bedeutung, da hierüber gewissermaßen direkt auf die Matrix der Schöpfung zugegriffen werden kann. Gründe und Hypothesen hierzu zu erläutern, würde den Umfang dieses Buches bei Weitem sprengen. Ich behalte mir jedoch vor, in einem der nächsten Bände genauer auf das Thema einzugehen.

Was oftmals weniger Beachtung findet, als die Möglichkeiten des Unbewussten selbst, ist jene Instanz, die gewissermaßen die Grenze zwischen diesen beiden (inneren) Welten bewacht und in erster Linie dafür verantwortlich ist, unsere geistige Gesundheit zu wahren und uns im Alltag handlungsfähig zu halten. Diese Instanz wird in magischen Kreisen in der Regel als **Zensor** bezeichnet.

Der Zensor bewacht die Schwelle zwischen Alltags- und Unterbewusstsein und filtert in beide Richtungen. Dabei dient er uns zwar treu und ergeben, ist aber sehr restriktiv wenn es darum geht, Zugang zum Unterbewusstsein zu erhalten.

Dabei ist der Zensor keinesfalls unser Feind. Ohne ihn würde ständig eine Flut an potenziell schädlichen Informationen und verwirrenden Bildern unkontrolliert unser Tagesbewusstsein fluten und uns die Bewältigung des Alltags geradezu unmöglich machen. Arbeitet der Zensor nicht so wie er soll, resultieren daraus alle möglichen Formen des Wahnsinns. Daher reguliert diese Instanz den Informations-Fluss und verhindert, dass wir im Alltag unter Einflüssen aus dem Unbewussten verschüttet werden.

In die andere Richtung reguliert der Zensor aber auch jene Informationen, die anders herum von Tages-Bewusstsein in das Unter-Bewusstsein gelangen. Was im Unter-Bewusstsein verfängt, hängt stark davon ab, in welcher „Sprache" die entsprechende Information übermittelt wird.

Welches die Sprache des Unter-Bewusstseins ist, liegt eigentlich auf der Hand, wenn man darüber nachdenkt, wie wir im Traum ungelöste Konflikte aus agieren: Nämlich in Form von Bildern und Symbolen.

Unser Bewusstsein

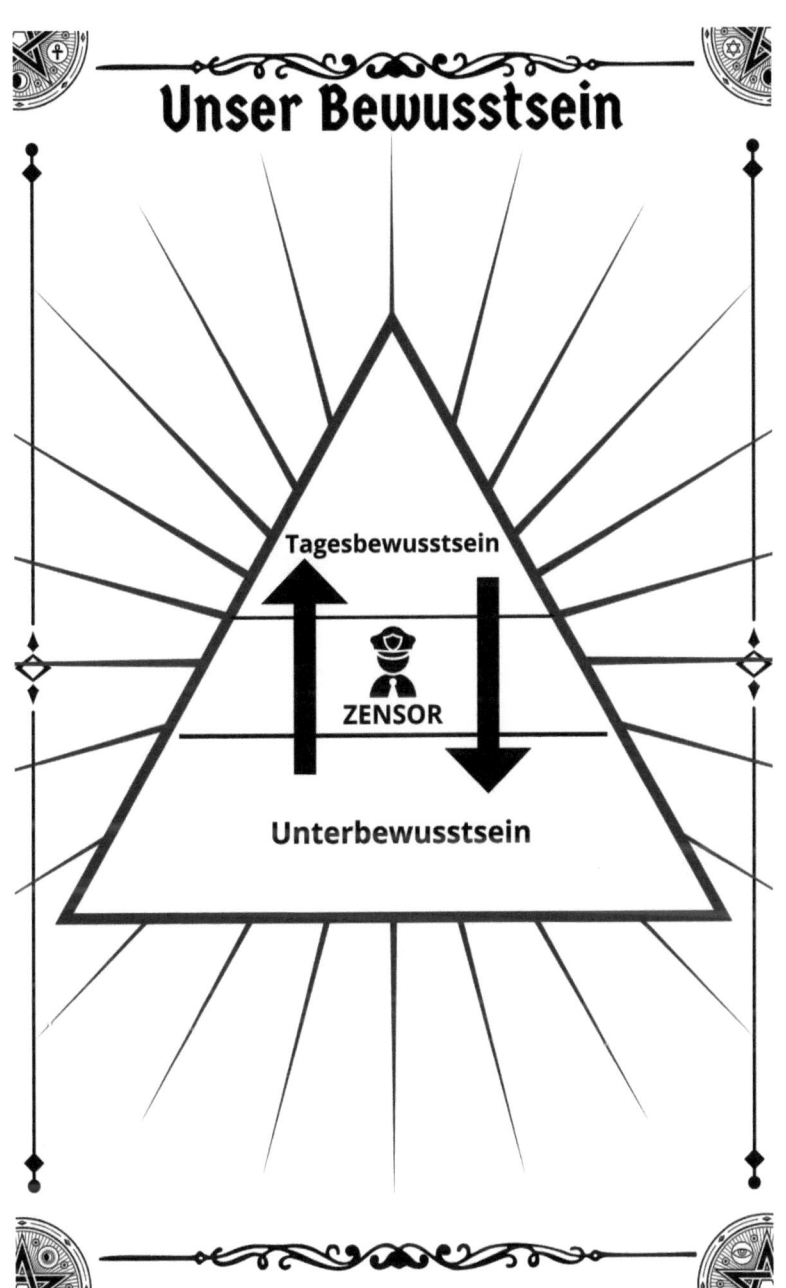

Dies ist auch der Grund, warum in der Magie die Praxis des Visualisierens von so erheblicher Bedeutung ist. Der Teil unseres Bewusstseins, welcher in der Lage ist, die Wahrscheinlichkeiten zu unseren Gunsten (oder Ungunsten) zu beeinflussen und Ereignisse in die Wirklichkeit zu ziehen bedient sich der Sprache von Bild und Symbolik. Unverschlüsselte Informationen aus dem Alltags-Bewusstsein werden vom Zensor dem Tages-Bewusstsein zugeordnet und können im Unter-Bewusstsein daher nicht auf die gewünschte Weise verfangen.

Doch selbst wenn wir unseren magischen Willen in diese Symbol-Sprache übertragen, müssen wir zunächst dafür sorgen, dass das entsprechende Bild, das Symbol, oder die symbolische Handlung an unserem Wächter vorbei in die tiefer liegenden Schichten unseres Bewusstsein eindringen kann. Dies ist möglich, indem wir unseren (bisweilen überfürsorglichen) Freund für kurze Zeit außer Gefecht setzen. Gerade lange genug, um unseren magischen Willen-Satz am Zensor vorbei in den magisch wirksamen Teil unseres Bewusstseins einsickern zu lassen.

Die Technik, mit welcher dieses möglich ist, wird in der Magie auch **Gnosis** genannt. Mit Gnosis bezeichnet man im Allgemeinen einen veränderten Bewusstseins-Zustand, welcher es dem operierenden Magier ermöglicht, direkt auf schwer zugängliche Teile des Bewusstseins zuzugreifen.

Der Begriff Gnosis umfasst dabei verschiedene
Bewusstseins-Zustände, welche aber am
ehesten mit dem Begriff einer magischen Trance
beschrieben werden können. Es gibt viele Mittel
und Wege, eine solche Gnosis zu induzieren und
zudem auch verschiedene Ausprägungen und
Intensitäten einer solchen magischen Trance.
Sehr wirksam ist hierbei etwa ein solcher
Zustand wie der, den wir an der Schwelle
zwischen Wachen und Schlafen erleben.

Auch wenn es in der Magie die verschiedensten
Ausprägungen und Praktiken gibt, so zeigt sich
doch in jedem Falle eines: Alle wirklich
wirksamen magischen Techniken beinhalten
doch allesamt einige, klar definierte
Komponenten, welche die oben angesprochene
Funktionsweise des Bewusstseins
berücksichtigen. Und auch wenn für den Erfolg
einer magischen Operation grundsätzlich viele
Faktoren ausschlaggebend sind, so lässt sich
daraus doch eine Art *magische Grundformel*
ableiten.

Die magische Formel

Aufgrund der Funktionsweise des Bewusstsein und der praktischen Erfahrungswerte, welche sich im Laufe der Zeitalter ergeben haben, lässt sich zumindest festhalten, dass so etwas wie eine magische Grundformel existiert. Die magischen Operationen können zwar auf verschiedenste Weise konstruiert und ausgeführt werden, beinhalten aber (im Falle von wirksamer Magie) dennoch stets einige Grund-Elemente. Dabei handelt es sich um...

...den Willen

Um eine magische Operation erfolgreich auszuführen ist es unabdingbar, den eigenen Willen klar zu formulieren und in einem magischen Willen-Satz festzuhalten. Schon die Formulierung des korrekten Willens-Satzes ist eine Kunst für sich, die eine lange Übung erfordert. Dieser Willens-Satz ist Grundlage und Richtungsweiser zugleich. Er legt das Ziel der magischen Operation fest, muss wohl überlegt und präzise ausformuliert sein. Nicht umsonst gibt es in magischen Kreisen den Running-Gag: „Dürfte ich das bitte nochmal formulieren?" Dies hat die Bewandtnis, dass es häufig vorkommt, das der Magier den eigenen Willen eben nicht klar genug formuliert und durch diese unzureichende Festlegung des magischen Willens unerwünschte Nebeneffekte erzeugt.

Umso wichtiger ist es, den magischen Willen so präzise wie nötig (aber dennoch so allgemein wie möglich) auszuformulieren. Dies dient während der magischen Operation als Grundlage und klare Zielsetzung. Dafür ist es natürlich notwendig, den eigenen Willen und das Ziel der jeweiligen, magischen Operation zu kennen. Auf die korrekte Formulierung des magischen Willen-Satzes wird an späterer Stelle in diesem Buch noch entsprechend eingegangen.

...Visualisierung

Die zweite Komponente in der magischen Formel ist die Visualisierung, welche schon früher in diesem Buch besprochen wurde. Diese Zutat in der magischen Rezeptur ist deshalb so wirksam, da sich das Unterbewusstsein grundsätzlich der Sprache von Bildern und Symbolen bedient. Es gibt zwar auch Möglichkeiten, magisch zu wirken, ohne sich der Visualisierung zu bedienen, doch für die absolute Mehrzahl ist die Fähigkeit der Imagination von entscheidender Bedeutung. Dabei wird die entsprechende Visualisierung umso potenter, je mehr Sinne daran beteiligt sind. Wird zusätzlich die emotionale mit einbezogen, so potenziert sich die Wirkung um ein Vielfaches.

...*Gnosis*

Wie im voraus gegangenen Kapitel bereits beschrieben handelt es sich bei der Gnosis im weitesten Sinne um veränderte, magisch nutzbare Bewusstseins-Zustände. Dabei kann es sich sowohl um einen hypnagogen Bewusstseins-Zustand, wie auch um Zustände von Dämpfung oder Erregung handeln. Die Gnosis kann also gewissermaßen auch als magische Trance bezeichnet werden, welche einzig und allein den Zweck erfüllt, kurzzeitig den Zensor auszuschalten. So können wir die Bilder und Symbole (welchen unseren magischen Willen enthalten) an diesem Wächter vorbei in tiefere Ebenen unseres Bewusstseins schleusen, wo sie dann ihre volle Wirkung entfalten und magisch nutzbar werden.

Fügt man all diese Komponenten zusammen ergibt sich daraus die magische Grund-Rezeptur. Für den Erfolg magischer Operationen sind zwar durchaus auch andere Faktoren von Bedeutung, doch wirksame, magische Techniken enthalten in der Regel (in der ein oder anderen Form) diese Bausteine .Die magische Grundformel lautet also:

Wille + Visualisierung + Gnosis = Magie

Energie folgt der Aufmerksamkeit

Du hast nun gelernt, welche grundlegenden Elemente erforderlich sind, um mit Hilfe magischer Techniken die verborgenen Gesetzmäßigkeiten des Kosmos für dich zu nutzen. Du weißt außerdem um die Bedeutung von Imagination, die Bausteine wirksamer Magie und hast Kenntnis von der Macht, welche darin liegt, das Endergebnis vorweg zu nehmen. Außerdem kennst du die Bedeutung des Zensors und kannst mit Hilfe der Übungen im vorherigen Kapitel deine magischen Fertigkeiten ausbilden und auf ein neues Level katapultieren.

Dennoch gibt es noch ein wichtiges Prinzip, welches ich noch nicht erwähnt habe, das aber von nicht zu unterschätzender Bedeutung ist. Und dieses Prinzip ist nicht nur in der magischen Arbeit von enormer Wichtigkeit, sondern für jeden Menschen auf diesem Planeten. Es handelt sich hierbei um ein unumstößliches Natur-Gesetz, welches ebenso erbarmungslos und allgemeingültig ist wie die Schwerkraft. Leider ist diese okkulte Gesetzmäßigkeit aber nicht annähernd so bekannt oder offenkundig wie Letztere. Dieses verborgene Naturgesetz lautet:

Energie folgt der Aufmerksamkeit!

Doch was bedeutet das konkret? Letztlich könnte man vereinfacht sagen, dass stets das, worauf du deine Aufmerksamkeit richtest an Kraft gewinnt. Das, worauf das Bewusstsein sich fokussiert, wird mit Energie versorgt. Dabei ist das Bewusstsein die maßgebliche Instanz, welche die Veränderung in unserer materiellen Welt erwirkt. Die Aufmerksamkeit, welche vom Bewusstsein ausgeht ist gewissermaßen die Währung.

Dabei ist es auch völlig unerheblich, wie wir das bewerten, was gerade im Fokus unseres Bewusstseins steht. Moralische Einordnungen sind für uns (auf der menschlichen Ebene) in jedem Falle wichtig, doch die verborgenen Gesetzmäßigkeiten richten sich kein bisschen danach, ob wir etwas als „gut" oder „schlecht" empfinden. Es wird lediglich registriert, worauf das Bewusstsein seinen Fokus richtet und dieser Punkt der Aufmerksamkeit wird gemäß dieses universellen Natur-Gesetzes mit Energie versorgt.

Dabei ist Energie kein abstraktes (oder gar esoterisches) Konzept. Tatsächlich muss alles in der materiellen Schöpfung mit Energie versorgt werden. Die Pflanzen beziehen ihre Energie über das Sonnenlicht, dem menschlichen Körper muss ebenfalls stetig Energie in Form von Nahrung zugeführt werden und es funktioniert keine technische Gerätschaft, die nicht mit aus irgend einer Quelle mit Energie versorgt wird.

In der Materie muss alles mit Energie versorgt werden, um zu funktionieren und das gleiche Prinzip gilt ebenso für die feinstofflichen Ebenen. Denn auch geistige Strukturen benötigen eine entsprechende Energie-Zufuhr. Die Gewichtung der Energie-Verteilung folgt hierbei strikt der Gesetzmäßigkeit: Energie folgt der Aufmerksamkeit.

Dies bedeutet letztlich, dass alles, worauf du (oder jedes andere Bewusstsein) seine Aufmerksamkeit ausrichtest, wird dadurch mit Energie versorgt und gewinnt an Kraft. Rückst du also etwas in den Fokus deiner Aufmerksamkeit, so machst du es stärker. Diese Gesetzmäßigkeit ist universell und greift dementsprechend immer und zu jeder Zeit. Völlig egal, ob wir uns nun dessen bewusst sind, oder eben nicht. Jemand, der aus einem Flugzeug springt wird auch stets unweigerlich in Richtung Erdboden fallen. Dabei ist es völlig unerheblich, ob er sich der Schwerkraft bewusst ist, oder eben nicht.

Obwohl diese Gesetzmäßigkeit für Eingeweihte und Unwissende gleichermaßen gilt, verschafft uns die Kenntnis dieses universellen Prinzips jedoch einen unschätzbaren Vorteil: Wir können bewusst entscheiden, was wir mit Energie versorgen (und somit stärken) wollen und es dementsprechend bewusst in den Fokus unserer Aufmerksamkeit setzen. Das ist ein unschätzbarer Vorteil, auf den nahezu 99% unserer Mitmenschen verzichten müssen.

Die Unkenntnis dieses okkulten Naturgesetzes führt im Leben dieser Menschen fortwährend zu Problemen und unschönen Ergebnissen, da sie ihren Fokus nicht bewusst auf die gewünschten Resultate ausrichten können und im Zweifelsfall sogar den genauen Gegensatz mit Energie versorgen.

Nehmen wir zum Beispiel einen Unternehmer, der unglaubliche Angst davor hat, mit seinem Geschäft zu scheitern und bankrott zu gehen. Weiß dieser Mensch nicht um das hier thematisierte Natur-Gesetz, so wird diese Angst vor dem Scheitern vermutlich immer weiter in seinen Fokus rücken. In seinem Geist entstehen lebhafte Bilder davon, wie er sein Unternehmen in den Sand setzt, welche zusätzlich noch mit der starken Emotion Angst genährt und somit um ein Vielfaches potenziert werden. Wir haben bereits an früherer Stelle in diesem Buch darüber gesprochen, welche Macht von Imagination bzw. Visualisierung ausgeht. Vor allem in Verbindung mit Emotion (***Emotion = E****nergy in **motion** bzw. zu deutsch: Energie in Bewegung*) Die fortwährende Ausrichtung des Bewusstseins auf diese negativen Entwicklungen versorgt in diesem Falle genau diesen unerwünschten Effekt laufend mit frischer Energie. Dementsprechend beeinflusst unser Unternehmer die Wahrscheinlichkeiten mit jeder Ausrichtung seines Bewusstseins auf den geschäftlichen Misserfolg zu seinen Ungunsten. So lange, bis eine kritische Masse erreicht ist und der befürchtete Fall eintreten kann.

Hätte der Unternehmer in unserem Beispiel hingegen Kenntnis über das Prinzip von Energie folgt der Aufmerksamkeit gehabt, so hätte er zur Vermeidung seiner persönlichen Horror-Vision den Fokus seines Bewusstseins vermutlich anders gesetzt. Mehr noch: Anstatt sich einfach nur darauf zu fokussieren, nicht zu scheitern, wäre es hier richtig gewesen, seinen Fokus auf maximalen, unternehmerischen Erfolg auszurichten, was ein Scheitern ohnehin ausschließt.

Er hätte sein Wissen beispielsweise nutzen können, um stattdessen lebhaft zu visualisieren, wie er von einem geschäftlichen Erfolg zum anderen eilt. Den Erfolg seines Unternehmen immer wieder zunächst im Geiste und dann in der Realität durchlebt, diese Vision stets weiter perfektioniert und mit positiven Emotionen (wie z.B. Freude, Zufriedenheit oder Triumph) genährt. Auf diese Weise hätte er die Wahrscheinlichkeiten eines beruflichen Scheiterns nicht nur bis zur Bedeutungslosigkeit minimiert, sondern langfristig sogar anhaltenden unternehmerischen Erfolg bewirken können.

Diese Form der negativen Fokussierung mir auch häufig im Umgang mit Menschen, die sich mit sogenannten „Verschwörungs-Theorien" beschäftigen. Abgesehen davon, dass ich diesen Ausdruck für einen Kampf-Begriff halte, bin ich mir auch sehr wohl darüber bewusst, dass Verschwörungen existieren und zu allen Zeiten immer existierten.

Außerdem weiß ich aus erster Hand, dass okkultes Wissen von bestimmten Kreisen gezielt im Verborgenen gehalten wird. Es liegt mir also fern, solche Menschen pauschal als „Aluhut-Träger" zu diffamieren, auch wenn ich meistens ein Mindestmaß an Differenziertheit vermisse und viele (aber nicht alle) dieser Theorien für gezielte (und gekonnte) Ablenkung halte.

Dennoch fällt immer wieder auf, dass jene, die sich auf einer tiefen Ebene mit diesen Themen auseinander setzen, sich zwar mit Leib und Seele dem Kampf gegen Gruppe (oder Thema) XY verschrieben haben, mit ihrem Kampf aber tatsächlich genau das Gegenteil von dem bewirken, was sie eigentlich erreichen wollen.

Denken wir an die gerade besprochene Gesetzmäßigkeit: Energie folgt der Aufmerksamkeit. Was wird wohl passieren, wenn ich mich den ganzen Tag nur damit beschäftige, dass eine mächtige „Elite" uns unterdrückt, meinen Fokus auf Polizeistaat, Repression, FEMA-Camps, oder Folter ausrichte und diese geistigen Bilder mit starken Emotionen wie Wut und Ohnmacht versehe? Ist davon auszugehen, dass ich so die „geheime Macht-Elite" in die Knie zwinge?

Sicher nicht! Diese Menschen bestärken in Unkenntnis der okkulten Gesetzmäßigkeiten genau das, was sie eigentlich verhindern wollen: Nämlich Polizeistaat, Repression und Gewalt.

Wer wirklich etwas gegen die (fraglos zahlreich vorhandenen) Probleme dieser Welt ausrichten möchte, der sollte den Fokus seiner Aufmerksamkeit auf die Lösung und nicht auf das Problem ausrichten. Das heißt auch keinesfalls, dass wir die Probleme ignorieren, oder die Augen verschließen sollten. Im Gegenteil: Wir müssen genau hinsehen! Haben wir das Problem aber erkannt, so sollten wir es anerkennen und unsere ganze Aufmerksamkeit auf positive Visionen und Lösungen ausrichten. Denn nur so versorgen wir diese mit Energie!

Denn wir können letztlich nichts an der Art und Weise ändern, nach denen feinstoffliche Mechanismen und universelle Gesetzmäßigkeiten auf die Ereignisse in der Materie wirken. Dennoch können wir sehr wohl Einfluss darauf nehmen, was wir in den Fokus unserer Aufmerksamkeit rücken und somit mit Energie versorgen. Man kann grundsätzlich sagen, dass wir unser Bewusstsein ausschließlich auf Dinge ausrichten sollten, die wir mit unserer Energie stärken wollen. Und da du diese verborgene Gesetzmäßigkeit nun kennst, liegt es nur bei dir, in welche Richtungen du die Wahrscheinlichkeiten mit Hilfe der Magie beeinflussen willst.

Ein Spiel der Wahrscheinlichkeiten

Wahrscheinlichkeiten sind ein wichtiges Stichwort, denn in der Magie geht es letztlich immer darum, Wahrscheinlichkeiten in unserem Sinne bzw. zu unseren Gunsten zu beeinflussen. Und dies tun wir, indem wir unsere Aufmerksamkeit auf ein bestimmtes Ziel (den magischen Willen) ausrichten und dieses so ausreichend mit Energie versorgen.

Wir können es uns so vorstellen, dass jedes Ereignis mit einer bestimmten Wahrscheinlichkeit in die Wirklichkeit treten wird. Diese Wahrscheinlichkeiten sind sowohl von physischen, wie auch geistigen Einflüssen abhängig, welche (im Verborgenen) auf die Eintritts-Wahrscheinlichkeit einwirken. Diese „schwingen" gewissermaßen auf einem bestimmten Pegel und sind niemals statisch. Daher können sie aber auch mittels magischer Techniken beeinflusst werden.

Wie einfach (oder schwer) sich die jeweiligen Wahrscheinlichkeiten beeinflussen lassen, hängt dabei von mehreren Faktoren ab, von denen ich hier nur die Wichtigsten kurz erwähnen will. Ich werde aber in einem der folgenden Bände noch ausführlicher auf dieses Thema eingehen. Der erste Faktor, welcher von Bedeutung sein wird, ist die „Entfernung" vom gewünschten Resultat. Damit du das besser verstehen kannst, möchte ich es an einem kleinen Beispiel erläutern:

Wenn es beispielsweise das Ziel einer magischen Operation wäre, materiellen Wohlstand zu erlangen, so richtet sich die Wahrscheinlichkeit hier nach der momentanen „Entfernung" zu diesem Ziel. Gilt die magische Arbeit hier der Erlangung von Wohlstand für einen (ohnehin schon erfolgreichen) Unternehmer, so werden wir wahrscheinlich nur verhältnismäßig wenig Energie aufwenden müssen, um dieses Resultat zu erzielen. Wollen wir allerdings einen obdachlosen Crack-Abhängigen aus dem Hamburger Bahnhofsviertel auflesen und diesem mit unserem Zauber über Nacht zu Erfolg und Wohlstand verhelfen, so wird der magische Kraft-Aufwand erheblich sein, da wir eine viel größere „magische Entfernung" (vom Status Quo zum magischen Ziel) überwinden müssen.

Ein weiterer Faktor bei der Beeinflussung von Wahrscheinlichkeiten sind Qualität und Anzahl anderer Menschen, welche den Fokus ihres Bewusstseins auf die gleiche Sache ausrichten. Deshalb ist es beispielsweise nicht so leicht, sich mittels magischer Techniken zum Lottogewinner zu machen. Auch die Vorhersage der Lottozahlen mit Hilfe außersinnlicher Wahrnehmung, oder anderen Techniken wie etwa dem *Remote Viewing* ist aus den selben Gründen eine recht kniffelige Angelegenheit. Man kann mit diesen Methoden zwar durchaus zuverlässig Tendenzen erkennen, muss aber davon ausgehen, dass es für einen Gewinn nicht ausreicht, die Zahlen im tendenziell richtigen Bereich des Lotto-Scheines anzukreuzen.

Dieser Effekt liegt darin begründet, dass zur gleichen Zeit eine Vielzahl anderer Menschen sein Bewusstsein auf das gleiche Ziel ausrichtet und somit gewissermaßen an den Wahrscheinlichkeiten zerrt. Während wir also eine magische Operation auf eine bestimmte Lotto-Ziehung ausrichten, fokussieren Millionen anderer Menschen zeitgleich ihr Bewusstsein auf die selbe Lotto-Ziehung. Sie malen sich vielleicht bildlich aus, was sie mit dem Gewinn tun würden und untermauern diese Imagination mit einer Mixtur aus Emotionen, so dass sich daraus ein intensives Tauziehen des Bewusstseins ergibt. Dies beeinflusst die Wahrscheinlichkeiten natürlich in erheblichen Maße zu unseren Ungunsten.

Grundsätzlich genügt es aber, wenn du dir vor Augen hältst, dass es sich bei Magie um eine Bewusstseins-Technologie handelt, mit welcher du die Wahrscheinlichkeit, mit welcher ein bestimmtes Ereignis eintritt, in deinem Sinne beeinflussen kannst. Dies funktioniert in der Regel auch ausgesprochen gut und liefert eindeutige Ergebnisse. Es reicht aus, sich vorgenannter Effekte bewusst zu sein. Dennoch solltest du bei deinen magischen Operationen stets auf eine möglichst geringe, *magische Entfernung* achten. Mein Rat ist es, beim Ergebnis immer nur etwas mehr anzustreben, als du im Idealfall für realistisch hältst.

Auf diese Weise musst du keine große *magische Entfernung* überwinden, hältst somit deinen Energie-Aufwand gering und maximierst zeitgleich die Erfolgs-Chancen deines Rituals bzw. deiner magischen Operation.

Die Astralebene

Ein weiteres Thema, welches zwar für sich genommen selbst ganze Bände füllen könnte (und füllt), sind die menschlichen Existenz-Ebenen. Der Umfang dieses Buches reicht nicht aus, um diese Thematik auch nur im Ansatz ausreichend zu behandeln. Dennoch ist dieses Wissen für unseren Themen-Bereich absolut grundlegend, da die verborgenen Natur-Gesetze aus der Wechselwirkung zwischen den verschiedenen Ebenen der Existenz resultieren. Zudem werden wir in Band II von „Das Buch der Magie" auch die Interaktion mit der Anderswelt und den darin lebenden Wesen behandeln. Diese Kommunikation (und Interaktion) mit Wesen aus anderen Frequenzbereichen ist in der Magie zu jeder Zeit von zentraler Bedeutung gewesen. Und auch wenn ich dir in diesem Buch zunächst die elementaren Grundkenntnisse der Magie vermitteln werde, so möchte ich dich doch zumindest schon einmal grob mit der Existenz der anderen Ebenen vertraut machen.

Je nach System werden die Ebenen der Existenz unterschiedlich gezählt und oftmals sind die einzelnen Ebenen noch in Unter-Ebenen aufgeteilt. Die Überlieferungen berichten zwar in der Regel von den gleichen Existenz-Ebenen, doch Gewichtung und Segmentierung können sich durchaus unterscheiden.

Ich spreche hier explizit auf jene Ebenen an, auf denen das menschliche Bewusstsein während der Inkarnation eines jeden Menschen gleichzeitig existiert. Das Bewusstsein des jeweiligen Menschen bewohnt dabei nicht entweder die eine **oder** die andere Ebene, sondern existiert zur selben Zeit auf **all** diesen Ebenen. Allerdings ohne sich darüber (im Alltags-Bewusstsein) wirklich im Klaren zu sein. Die wichtigsten Existenz-Ebenen der menschlichen Seele, welche ich hier anführen möchte, sind:

1. Die physische bzw. materielle Ebene

2. Die Astral-Ebene

3. Die Mental-Ebene

4. Die Emotional-Ebene

5. Die spirituelle Ebene

Da die Wechselwirkungen zwischen den einzelnen Ebenen unter Umständen recht komplex sein können und eine zufriedenstellende Erläuterung entsprechend Platz benötigt, möchte ich mich in diesem Band in erster Linie auf die Astral-Ebene konzentrieren. Es geht auch nicht darum, diese umfassend zu behandeln, doch als angehender Magier solltest du zumindest von ihrer Existenz wissen.

Grundsätzlich ist es wichtig zu verstehen, dass der Mensch während seiner Inkarnation auf dem Erden-Plan auf allen Ebenen gleichzeitig existiert. Du besitzt als Mensch also nicht nur deinen physischen, sondern auch jeweils einen , Emotional-, einen Mental-, und einen Astral-Körper, welche alle aufeinander (und miteinander) wirken.

Die einzige der verschiedenen Ebenen, welche sich gewissermaßen unserem Zugriff entzieht, ist die spirituelle Ebene, welche als Ursprung des Göttlichen, des Numinosen betrachtet werden kann. Alle anderen Ebenen sind auch für uns als inkarnierte Menschen durchaus greifbar. Wir spüren ihre Auswirkungen im Alltag. Meist ohne es zu wissen. Wenn wir aber von der Existenz dieser Ebenen Kenntnis haben, so ist es mit etwas Übung durchaus möglich, diese auch zu bereisen.

Die Ebene, welche uns am „nächsten" ist, wird als Astral-Ebene bezeichnet. Auch wenn solche zeitlichen und geographischen Begriffe hier eigentlich überhaupt nicht zutreffend sind und nur dem besseren Verständnis dienen. Obwohl wir Menschen uns während unseres Erden-Lebens einbilden, auf der physischen Ebene zuhause zu sein, sind wir viel eher auf der Astral-Ebene zu Hause als hier, da wir dort immer existieren. Wir als geistige Wesen kommen von dort in die Materie, besuchen unser altes Zuhause jede Nacht und kehren nach unserem Tod wieder dorthin zurück.

Dabei ist die Astral-Ebene keine homogene Parallel-Welt, sondern teilt sich nochmals in mehrere höhere und niedere Ebenen auf, in welchen die dort lebenden Wesen gemäß ihrer ureigenen Natur existieren.

Das Schöne dabei ist, dass du dich hier keineswegs auf mein Wort verlassen musst, denn man kann die Astral-Ebene selber bereisen. Sie ist auch keine verworrene und unwirklich erscheinende Welt. Tatsächlich ist die Astral-Welt eine sehr real erfahrbare Existenz-Ebene, ohne viel Interpretations-Spielraum. Wenn du zum ersten Mal dort warst, wirst du sehen, dass diese mindestens ebenso real ist, wie die materielle Ebene. Für mein Empfinden kann sie viel mehr als unsere Wirklichkeit betrachtet werden, als die 3D-Welt um uns herum, da letztere viel mehr Illusion beinhaltet, als die meisten von uns ahnen. Der Mensch ist durch und durch ein geistiges Wesen, welches zeitweise einen materiellen Körper besitzt, um hier auf der Erde Erfahrungen zu sammeln. Wenn wir diese Existenz beendet haben, kehren wir wieder in unsere ursprüngliche, geistige Heimat zurück. Für manchen mag es schwer sein, sich selbst als geistiges Wesen zu begreifen. Dies liegt aber einzig und allein an den materialistischen Konditionierungen, welchen wir in unserer Zeit ausgesetzt sind. Frag dich doch einfach mal, wer überhaupt ein Interesse daran haben könnte, dass du (als Mensch) dich für einen besseren Affen hältst.

Deine Natur als geistiges Wesen göttlicher Abstammung ist der Grund dafür, dass Magie funktioniert. Als solches besitzt du ein schöpferisches Potenzial, welches es dir erlaubt, selber Einfluss auf die Schöpfung zu nehmen und die Realität zu gestalten. Du musst mir auch hier nicht glauben. Es ist nicht notwendig, dass du dich als göttliches Wesen begreifst, damit deine Magie funktioniert. Du bist ein solches Wesen und das genügt völlig. Dennoch verleiht es deiner Magie ein zusätzliches Potenzial, wenn du dir deiner Natur bewusst wirst.

Grundsätzlich erscheint die Astral-Welt wie eine Kopie unserer materiellen Wirklichkeit. Auf den ersten Blick sieht es aus, als wärst du in einer identischen Parallel-Realität gelandet, doch bei genauer Betrachtung ist dieser Teil der Astral-Ebene nur annähernd identisch. Beim genauen Hinsehen lassen sich viele kleine Unterschiede erkennen. Wenn du also deinen Körper verlässt und das astrale Pendant deines Schlafzimmers betrachtest, wirst du auf den ersten Blick ein feinstoffliches Abbild des Raumes erblicken. Schaust du aber genauer hin, so wirst du merken, dass viele Details sich von ihrem physischen Gegenstück unterscheiden.Auch wenn der astrale Ort dem physischen scheinbar gleicht, wird das astrale Abbild eines runden Wohnzimmer-Tisches möglicherweise eckig sein. Die Verzierungen deines Bettes könnten sich in der Astral-Ebene von denen in der Materie unterscheiden und die Zettel am Kühlschrank eine völlig andere Botschaft enthalten.

Verlassen wir unseren Körper, gelangen wir also zunächst in eine Ebene, die nur ungefähr einem Abbild der materiellen Welt entspricht.

Tatsächlich ist diese ungenaue Kopie unserer physischen Wirklichkeit aber auch nur ein winziger Teil der astralen bzw. feinstofflichen Ebenen, welche sich zum Teil gravierend unterscheiden, ganz verschiedene Bestimmungen haben und auch einen unterschiedlichen Schlag von Wesenheiten beherbergen.

Tatsache ist auch, dass die materielle Welt und die Astral-Ebene keineswegs klar voneinander abgegrenzt sind. Wir existieren in beiden (eigentlich sogar in allen) Realitäten, so dass Astral-Welt und Materie sich ständig gegenseitig beeinflussen. Zum einen wirken sich all unsere geistigen und physischen Handlungen auf die Astral-Ebene aus. Zum anderen beeinflussen aber auch die astrale Realität und die darin lebenden Entitäten unser Innenleben und somit unsere Handlungen in 3D.

Die Beschaffenheit der Ebenen und die Möglichkeiten der Interaktion zwischen Ihnen ist eine sehr spannende und aufschlussreiche, aber auch extrem umfangreiche Thematik. Auch wenn ich diese nicht erschöpfend behandeln kann, werde ich in den folgenden Bänden noch genauer darauf eingehen und dir entsprechende Werkzeuge an die Hand geben. Ich halte es jedoch für sinnvoll, zunächst einmal die Grund-Prinzipien der Magie zu erlernen.

Dennoch gibt es einen triftigen Grund, warum ich das Thema Astral-Ebene schon in Band I kurz anschneiden wollte. Und dieser liegt darin begründet, dass man die verborgenen Gesetzmäßigkeiten, welche hier auf der Erde wirken, dort viel unmittelbarer erfahren kann.

Wie ich bereits kurz erwähnt habe ist es auch als inkarnierter Mensch mit etwas Übung problemlos möglich, seinen materiellen Körper zu verlassen und die Astral-Ebene ganz real zu bereisen. Es braucht dazu lediglich etwas Grundwissen, eine entsprechende Austritts-Technik, den unbedingten Willen und Disziplin. Sind diese Voraussetzungen erfüllt, so kannst du deinen Körper zeitweise verlassen und diese geistige Ebene mit deinem Astral-Körper bereisen. Du wirst erstaunt sein, wie real sie ist. Und sehr verwundert darüber, wie dir ihre Existenz so lange verborgen bleiben konnte. Im II. Band werde ich dir detailliert Techniken vermitteln, mit denen du deinen Körper verlassen und die Astral-Ebene bereisen kannst.

Besonders interessant ist für uns im Moment jedoch vor allem die Art, mit der du dich auf dieser Ebene fort bewegst und Dinge in die (geistige) Wirklichkeit bringst. Hast du deinen physischen Körper verlassen, genügt es nämlich, einfach an etwas zu denken und es manifestiert sich augenblicklich in der Realität. Die Art, wie sich dort Dinge vom Geist in die Wirklichkeit zu bringen ist unmittelbar und geschieht mit der Geschwindigkeit eines Gedankens.

Verlässt du deinen physischen Körper musst du nur an den Ort deiner Wahl denken und du begibst dich augenblicklich in deinem Astralkörper dorthin. Willst du Erfahrungen zu bestimmten Fragen machen, denkst du einfach nur an die entsprechende Frage und dir wird etwas gezeigt, was bei der Beantwortung deiner Frage hilft. Du kannst in Über-Lichtgeschwindigkeit jeden erdenklichen Ort auf der Erde besuchen. Klingt unglaublich? Probiere es aus.

Dieses unmittelbare Manifestieren durch Geistes-Kraft ist natürlich unglaublich praktisch, birgt aber auch Herausforderungen und Risiken. So kennen viele Astral-Reisende das Problem, dass man während einer astralen Exkursion nur flüchtig an seinen materiellen Körper denken muss und sofort (ohne es zu wollen) dorthin zurückgezogen wird. Mit der Rückkehr in den physischen Körper findet der aufregende Trip in die geistige Wirklichkeit ungewollt ein jähes Ende und man muss warten, bis der nächste Austritt gelingt.

Das Prinzip der Manifestation durch die Kraft des Bewusstseins scheint zunächst unglaublich. Doch tatsächlich gilt das gleiche Prinzip auch hier in der materiellen Wirklichkeit. Natürlich erscheinen die Dinge, auf die wir den Fokus unseres Bewusstseins richten, nicht sofort in der Wirklichkeit. Das hat allerdings einzig und allein den Grund, dass diese Form der Manifestation hier mit einer gewissen Verzögerung eintritt.

Wir haben bereits gelernt, dass Energie der Aufmerksamkeit folgt und auf der Astral-Ebene kann man dies unmittelbar und offenkundig beobachten. Tatsächlich gilt die gleiche Gesetzmäßigkeit hier in der materiellen Welt. Der Prozess benötigt allerdings erheblich mehr Zeit und einen größeren Kraftaufwand.

Dies ist (wie alles in der Schöpfung) wohl durchdacht und außerordentlich klug. Man stelle sich vor, was für Zustände herrschen würden, wenn sich jeder Gedanke augenblicklich in der Realität manifestiert. Aus diesem Grund existiert hier eine Art Puffer zwischen unserem Bewusstsein und der Materie. Das Prinzip ist zwar das gleiche, doch man muss seinen Fokus schon bewusst, oder zumindest konstant auf einen Punkt ausrichten, damit das entsprechende Ereignis auch materiell in Erscheinung tritt. Die Techniken, welche man benutzt, um Dinge zielgerichtet durch Einsatz des eigenen Bewusstsein in die Materie zu bringen nennt man... *Magie*!

Der innere Tempel

Ich habe nun wenigstens im Ansatz über die (außerordentlich reale) Existenz der Astral-Welt gesprochen und diese Ebene der Existenz ist für unsere Zwecke derart bedeutungsvoll, dass wir sie in den kommenden Bänden noch weiter behandeln und mit ihr (sowie den darin lebenden Entitäten) interagieren werden. Hierfür ist es sinnvoll, dort über eine Art „Heimat-Basis" zu verfügen, von der aus du dort magisch operieren und in welche du dich bei Bedarf zurückziehen kannst, um für deinen (materiellen) Alltag Kraft zu schöpfen. Außerdem bekommst du auf diese Weise ein Gefühl dafür, wie die Gestaltung von Realität auf dieser (und eingeschränkt auch auf der materiellen) Ebene funktioniert.

Um dir diesen inneren Rückzugsort zu erschaffen, beginnen wir bereits jetzt mit dem Bau deines eigenen Astral-Tempels. Dieser wird im Laufe deiner Reise an Bedeutung gewinnen und intensiv genutzt werden. Er fungiert nicht nur als innerer Kraft-Ort, an welchen du dich jederzeit zurückziehen kannst. Er wird dir außerdem als astrale Operations-Basis und Schnittstelle zwischen den Ebenen dienen. Völlig egal, wo du dich in der materiellen Welt gerade befindest. Dein innerer Tempel steht dir ab seiner Errichtung jederzeit als innerer Rückzugs-Ort zur Verfügung.

Übung: Deinen Astral-Tempel errichten

Um mit dem Bau deines inneren Tempels zu beginnen, benötigst du stets eine ruhige Umgebung, in der du die Augen schließen und zu Ruhe kommen kannst. Ist der Tempel erst einmal fertig und die astrale Konstruktion durch viele Besuche ausreichend verdichtet, so kannst du dort durchaus auch zwischendurch kurz aufhalten. Da sich das Bild aber erst einmal ausreichend verfestigen muss, empfehle ich zunächst ein ruhiges und entspanntes Umfeld. Nimm also einige, tiefe Atem-Züge, entspanne dich und schließe die Augen.

Schritt 1: Die Umgebung

Zunächst benötigst du eine Umgebung, in welcher du dich völlig wohl und geborgen fühlst. Es steht dir völlig frei, welche Umgebung du zur Errichtung deines inneren Tempels wählst. Es kann sich dabei um eine Wald-Lichtung, eine Insel, eine Höhle, einen Berg, oder gar eine Raum-Station handeln. Das gute an der Arbeit auf dieser Ebene ist es, dass wir keine Rücksicht auf physikalische Gesetzmäßigkeiten nehmen müssen. Der Tempel kann also auch mitten in den Wolken, oder auf einem Regenbogen erbaut werden. Einziges Kriterium ist, dass es dir gefällt und ein Gefühl von Sicherheit und völliger Geborgenheit vermittelt.

Hast du dich für eine Umgebung entschieden, so stelle sie dir in aller Deutlichkeit vor. Stelle dir lebhaft vor, du befindest dich in dieser Umgebung und erfahre sie mit allen Sinnen. Wie sieht es aus? Welche Geräusch-Kulisse herrscht dort? Gibt es bestimmte Gerüche? Wie fühlst du dich emotional?

Halte dieses Bild (und alle Eindrücke) eine Weile aufrecht. Mit der Zeit wirst du immer mehr Details wahrnehmen. Eine Gesetzmäßigkeit auf dieser Ebene (und auch hier in der Materie) ist es, dass sich Dinge immer mehr verfestigen, je mehr wir den Fokus unseres Bewusstseins darauf ausrichten. Wie du weißt, folgt Energie der Aufmerksamkeit und das Bild wird sich mit jedem Besuch in dieser Umgebung immer mehr verdichten. Es ist also durchaus sinnvoll, die gewählte Umgebung mehrmals zu besuchen, bevor du dort mit dem Bau deines astralen Tempels beginnst. Du wirst mit jedem Male mehr Kleinigkeiten entdecken und das Bild gewinnt mit jedem Besuch an Dichte.

Dies hängt natürlich auch davon ab, wie lang und intensiv deine Besuche dort sind. Höre hier grundsätzlich auf dein Gefühl! Wenn du bereit bist, mache dich im nächsten Schritt an die Errichtung deines Astral-Tempels.

Schritt 2: Der Tempel

Im nächsten Schritt wollen wir beginnen, den inneren Tempel zu bauen. Hierzu besuchen wir die gewählte Umgebung erneut und lassen sie in allen Details vor uns entstehen. Nun geht es darum, das äußere unseres astralen Tempels entstehen zu lassen und in die Umgebung zu integrieren. Du musst nun also die Entscheidung treffen, wie dein Astral-Tempel aussehen soll. Hier ist ebenfalls das einzige Kriterium, dass er dir gefällt und du dich darin wohl fühlst. Es kann sich bei ihm also beispielsweise genauso um einen klassischen Tempel, oder eine Burg, wie auch um eine kleine Holzhütte, eine Villa, oder einen gigantischen Kubus handeln. Deiner Phantasie sind hier also keine Grenzen gesetzt.

Nachdem du dich entschieden hast, verpflanze dein Gebäude an einem geeigneten Ort in die Umgebung und beziehe hierbei (wie immer im Rahmen der Visualisierung) alle Sinne mit ein. Hast du das Gebäude im Geiste an der richtigen Stelle errichtet, so hältst du dieses Bild im Geiste weiter aufrecht. Du kannst prinzipiell jederzeit Veränderungen an der Konstruktion vornehmen und weitere Teile anbauen. Die Grund-Konstruktion sollte jedoch gleich bleiben, da sich der innere Tempel auf diese Weise mit jedem Besuch immer weiter verdichten und zur astralen Realität werden wird.

Schritt 3: Das innere des Tempels

Wenn du das Gefühl hast, dass deine Besuche ausreichen, um ein halbwegs stabiles, geistiges Bild zu erzeugen, können wir uns daran machen, den Innen-Raum deines Astral-Tempels zu gestalten. Auch hier steht dir im Wesentlichen frei, wie dein astraler Rückzugsort aussehen wird und du musst dich auch nicht an physikalische Gesetzmäßigkeiten halten. So kannst du zum Beispiel auch ein winzig kleines Gebäude errichten, dessen Innen-Raum so groß ist, wie der Buckingham Palace. Doch, auch wenn du bei der Ausgestaltung deines astralen Habitats weitestgehend freie Hand hast, gibt es hier einige Örtlichkeiten, welche du integrieren solltest. Hierzu zählen:

1. Eine Schnittstelle zwischen deinem Astral-Tempel und der allgemeinen Astral-Ebene. Dabei kann es sich um eine Tür, ein Tor, ein Portal, ein Wurmloch, oder ein Loch in der Wand handeln. Entscheide dich für die Art von Zugang, welche dir am stimmigsten erscheint und integriere sie an geeigneter Stelle in die Räumlichkeiten.

   Da der Zugang in beide Richtungen funktioniert, kannst du dir vielleicht sogar Gedanken um eine Art Sicherheits-, und/oder Alarm-System machen, dass es potenziellen Eindringlingen erschwert, in deinen persönlichen Bereich vorzudringen.

2. Außerdem solltest du einen weiteren Zugang einbauen, welcher direkt in dein Unter-Bewusstsein führt. Diesen werden wir im Laufe unserer späteren Arbeit ebenfalls brauchen. Auch hier kann es sich wieder um eine einfach Tür handeln. Da das Bewusstsein (wie bereits an früherer Stelle erwähnt) über die Sprache der Bilder und Symbole funktioniert, würde sich hier beispielsweise eine Art Keller-, oder Fall-Tür anbieten. Entscheide dich, wie diese Schnittstelle am besten in deinen Tempel passt und integriere Sie an entsprechender Stelle.

3. Mach dir selbst Gedanken darüber, welche anderen Zugänge und Schnittstellen für dich Sinn ergeben. Da wir den Tempel im II. Band auch für die magische Arbeit nutzen werden, empfiehlt es sich zum Beispiel sehr, einen Altar einzubauen, über welchen wir (durch Symbol-Handlung) auf die materielle Welt einwirken. Aber auch ein „Raum der Heilung", oder eine Schatzkiste für deine wertvollsten Erinnerungen wären eine Möglichkeit. Mache dir selbst Gedanken und setze sie ggf. in die Tat um!

Sei ansonsten völlig frei, was die Gestaltung des Innen-Raumes betrifft und richte alles genau so ein, dass du dich darin wohl fühlst und der Bau auf ideale Art und Weise deinen Zwecken entspricht.

Du kannst das Innere deines Tempels mit Technik vollstopfen, oder auch komplett auf sie verzichten und alles mit Kerzen beleuchten. Es kann klein und gemütlich, oder prunkvoll und opulent eingerichtet sein. Es handelt sich bei diesem Ort um deinen persönlichen Rückzugs-Raum, deinen inneren Kraft-Ort, deinen sicheren Hafen. Abgesehen von den notwendigen und sinnvollen Komponenten, wie den Zugängen und dem Altar, geht es einzig und allein darum, dass du dich hier wohl und geborgen fühlst. Du kannst auch nach und nach weitere Einrichtungs-Gegenstände hinzufügen, oder die Räumlichkeiten erweitern. Wichtig ist nur, dass die Grundstruktur erhalten bleibt, so dass wir bei jedem Besuch das gleiche Bild erzeugen und sich der Tempel immer weiter verdichten kann.

Schritt 4: Besuche den Tempel

Hast du deinen Astral-Tempel konstruiert, besuche ihn regelmäßig und verbringe dort Zeit. Auf diese Weise sorgst du dafür, dass dein innerer Kraft-Ort immer dichter und somit ein fester Teil der astralen Wirklichkeit wird. Vielleicht machst du es dir zur Gewohnheit, dich vor dem Schlafen gehen dort hin zu begeben, oder du suchst ihn auf, wenn du das Bedürfnis nach Ruhe und Einkehr verspürst.

Der Tempel ist nun ein Teil von dir, aber ebenso ein Bestandteil der Astral-Ebene. Je öfter du ihn besuchst, desto mehr verfestigt er sich. Es wird nicht lange dauern und Menschen mit ausgeprägter, außersinnlicher Wahrnehmung werden deinen Astral-Tempel deutlich erkennen können. Zudem wirst du im Laufe der Zeit immer deutlicher erkennen, welche unschätzbaren Vorteile so ein innerer Rückzugs-Ort bietet.

Mache dich mit deinem Astral-Tempel vertraut und nutze ihn so oft wie irgend möglich. Gewöhne dich an seine Nutzung, so dass wir im Rahmen von Band II beginnen können, ihn als festen Bestandteil in deine magischen Arbeiten integrieren und als Schnittstelle zum Übergang in andere Ebenen des Bewusstseins nutzen zu können.

Der Tanz der Energien

Wir haben bereits an früherer Stelle gelernt, dass Energie der Aufmerksamkeit folgt. Außerdem, dass wir mittels Magie die Wahrscheinlichkeiten beeinflussen können, mit denen ein bestimmtes Ereignis Eintritt, indem wir den Fokus unseres Bewusstseins ausrichten und es so mit Energie versorgen.

Doch welche Bedeutung hat eigentlich das Konzept Energie? Den meisten Menschen wird gar nicht bewusst sein, dass sich in unserer Welt letztlich alles um Energie dreht. Hiermit meine ich auch nicht in erster Linie jene Energie, mit der wir Häuser beleuchten, Fahrzeuge antreiben, oder unsere Wohnung beheizen. Ebenso wenig steht die Energie im Vordergrund, welche Pflanzen zum Wachstum anregt, oder den menschlichen Körper lebensfähig hält. Diese Form von Energie ist relativ offensichtlich und bedarf daher wohl keiner besonderen Erwähnung.

Nicht so offensichtlich ist hingegen, dass es beispielsweise auch bei menschlichen Interaktionen in erster Linie um Energie geht. Letztlich befinden wir uns hier auf der Erde in einem stetigen Kampf um die Zufuhr von Energie. Menschen mit einem geschulten Bewusstsein können diese Energie aus sich selbst heraus schöpfen. Der Rest muss diese aus anderer Quelle beziehen.

Kennst du beispielsweise die Menschen, die ständig diskutieren, oder sich mit dir streiten wollen und egal, was du sagst, sie haben immer einen guten Grund, um den Disput oder die Diskussion fortzusetzen? Diese Menschen haben sich (meist unbewusst) für diese Form der Energie-Gewinnung entschieden. Aus diesem Grunde fühlst du dich auch jedes Mal völlig ausgelaugt, wenn du den Fängen dieser Energie-Vampire entkommen bist.

Wieder andere Menschen haben für sich erkannt, dass es zielführend sein kann, wenn sie sich selbst als Opfer präsentieren und ihnen so Energie (in Form von Mitleid) zuteil wird. Dies geschieht nur in den seltensten Fällen bewusst. In der Regel wissen diese Menschen noch nicht einmal, dass sie sich in einem Kampf um Energie befinden.

Du kannst dieses Konzept auf jeden beliebigen Bereich des Lebens übertragen. Der Politiker kämpft im Wahlkampf um die Aufmerksamkeit der Menschen und somit um deren Energie. Der Geschäftsmann tauscht Waren oder Dienstleistungen gegen Geld, was tatsächlich eine Form des Energie-Austauschs darstellt und die Rock-Band steht auf der Bühne im Mittelpunkt der Aufmerksamkeit, so dass sie förmlich in Energie badet.

Die vielen verschiedenen Formen des Energie-Austausches, welche sich tagtäglich um uns herum abspielen sind so mannigfaltig, dass sie sich nicht einmal ansatzweise aufzählen lassen. Mache dir diesen Tanz der Energien bewusst und beobachte aufmerksam, auf welche Weise die Menschen um dich herum um Aufmerksamkeit und somit um Energie buhlen.

Dies soll dir zum einen durch eigene Erfahrung bewusst machen, dass Energie das am meisten begehrte Gut auf diesem Planeten ist. Auf der anderen Seite sollte es dein Ziel sein, diese Energie aus dir selbst heraus zu schöpfen und somit von einer externen Energie-Zufuhr unabhängig zu werden.

Auch in der Magie geht es letztlich darum, seine magischen Operationen mit genug Energie zu versorgen, dass es genügt, um die Wahrscheinlichkeiten in ausreichendem Maße zu beeinflussen. Ich möchte dir hier ein Gespür für vermitteln, indem ich das Konzept Energie nicht nur theoretisch erläutere, sondern dir ganz praktisch zeige, wie es sich anfühlt, Energie zu akkumulieren und auf ein bestimmtes Ziel auszurichten. Dieses ganz praktische Arbeiten mit Energie wird zukünftige magische Arbeiten erheblich vereinfachen, da du nur auf diese Weise ein wirkliches Gefühl dafür bekommst.

Übung: Energie akkumulieren

Ich beginne ganz bewusst mit einer sehr einfachen Übung, welche aber dennoch sehr effektiv ist, da sie dir ermöglicht, ein Gefühl für die Erzeugung von Energie zu bekommen.

1. Setze dich bequem hin und reibe deine Handflächen aneinander. Wie jeder weiß, wird durch Hitze Energie erzeugt. Fahre eine Weile fort, bis die Wärme zwischen deinen Handflächen deutlich spürbar ist.

2. Nun entferne die Handflächen ca. 10 cm voneinander. Was fühlst du? Kannst du die Hitze (Energie) zwischen deinen Handflächen spüren? Wenn die Hitze verfliegt, kannst du jederzeit zu Punkt 1 zurück kehren.

3. Experimentiere mit dieser Methode. Entferne die Handflächen weiter voneinander, oder führe sie dichter zusammen. Was fühlst du?

4. Nun beginne diese Methode mit Visualisierungen zu ergänzen. Erzeuge zeitgleich ein Bild davon, wie du eine Kugel aus Energie zwischen den Handflächen balancierst, sie zusammen drückst, oder sie auseinander ziehst, wie Kaugummi. Notiere deine Eindrücke im magischen Tagebuch.

Übung: Energie übertragen

Auch wenn die Energie in der ersten Übung auf einfachste Weise erzeugt wurde, handelt es sich dennoch um Energie, welche sich magisch nutzen lässt. Im nächsten Schritt wollen wir die von uns erzeugte Energie nun für magische Zwecke nutzen. Dafür könnten wir sowohl die Energie aus der ersten Methode verwenden, oder einfach jene, die durch den Fokus deines Bewusstseins entsteht. Wie du weißt, folgt Energie der Aufmerksamkeit.

1. Suche dir einen Gegenstand, den du als Talisman verwenden möchtest. Dies könnte ein Feuerzeug, ein Bergkristall, ein Schmuckstück, oder jeder andere Gegenstand sein, welcher dazu geeignet ist, ihn mit sich herum zu tragen.

2. Setze dich bequem hin und lege den gewählten Gegenstand auf den Tisch und umfange ihn locker mit deinen Händen.

3. Überlege dir, welchen Zweck der Gegenstand für dich erfüllen soll. Er könnte zum Beispiel Geld in dein Leben ziehen, dich beschützen, oder dir innere Gelassenheit schenken.

4. Erzeuge ein inneres Bild davon, wie der Gegenstand genau das tut, wofür er bestimmt ist. Visualisiere (wie immer) mit allen Sinnen. Du könntest beispielsweise ein Bild davon erzeugen, wie du in mehreren Situationen unerwartet zu Geld gelangst und die innere Freude darüber in dir aufkeimen lassen. Spüre, wie die Energie dieses geistigen Bildes über deine Handflächen in den Gegenstand übergeht und er sich mit jedem Atemzug weiter mit Energie füllt. Halte dieses Bild so lange aufrecht, bis du fühlst, dass es getan ist.

5. Nach dem Ende der Übung klatsche einmal in die Hände und wende dich wieder deinem Alltag zu. Schenk dem Gegenstand zunächst keine weitere Beachtung und vermeide jede Erwartungshaltung. Trage deinen Talisman dennoch so oft wie möglich bei dir. Du wirst dich automatisch an ihn erinnern, sobald er zum ersten Mal gewirkt hat.

Bannung und Erdung

Wer magisch arbeiten will, für den sind die Themen Bannung und Erdung von entscheidender Bedeutung. Bei der Bannung geht es in erster Linie darum, einen bestimmten Ort von allen Energien zu reinigen, welche unsere magischen Operationen beeinflussen können. Wie wir gelernt haben existiert eine Wechselwirkung zwischen den verschiedenen Ebenen der Existenz und mit Hilfe der Bannung sind wir in der Lage, unerwünschte Energien und Entitäten aus unserem unmittelbaren Umfeld zu entfernen.

Es gibt durchaus mehrere Wege, eine Bannung effektiv durchzuführen. Ein Weg ist beispielsweise die Nutzung des „Kleinen bannenden Pentagramm Ritual", welches allerdings noch einen anderen Zweck erfüllt. Das kleine bannende Pentagramm Ritual scheint (gerade für Anfänger ohne Routine) jedoch relativ komplex. Es existieren aber durchaus auch einfachere Formen der Bannung, welche wir zu Anfang und Ende eines Rituals, sowie bei Bedarf problemlos auch kurzfristig durchführen können. Ein gutes Beispiel für eine solche, unkomplizierte Form der Bannung ist das sogenannte IAO. Dieser kleine Ritus eignet sich ganz hervorragend als einfache Bannung, auch wenn sein Nutzen ganz klar weit über diesen Zweck hinausgeht. Das IAO wird direkt nach diesem Kapitel noch ausführlich behandelt.

Es empfiehlt sich, die IAO-Formel zunächst regelmäßig zu üben, damit sich eine gewisse Routine einstellt und du bei Bedarf jederzeit in der Lage bist, sie auch kurzfristig erfolgreich zu nutzen. Doch, auch wenn das IAO eine ausgesprochen wirksame, magische Technik ist, solltest du dir im Laufe deiner magischen Arbeit unbedingt noch weitere Methoden der Bannung aneignen. Das „kleine bannende Pentagramm-Ritual" ist hierbei nur ein Beispiel.

Im Zusammenhang mit Magie tritt auch oft der sogenannte Schutzkreis in Erscheinung. Dieser ist zwar durchaus sinnvoll und sollte bei jeder Form von Ritual zwar unbedingt angewendet werden, stellt aber keine Bannung im eigentlichen Sinne dar. Der Zweck des Schutzkreises ist es eher, einen neutralen Raum zu erzeugen, in welchem magische Operationen und Interaktionen mit Wesenheiten aller Art stattfinden können. Sowohl Erzeugung und Funktion eines Schutzkreises, als auch das „kleine bannende Pentagramm-Ritual" werden wir im Kontext der Ritual-Magie in Band II allerdings noch ausführlich beleuchten.

Ein weiterer Aspekt, der eng mit dem Thema Bannung in Verbindung steht, ist die sogenannte Erdung. Gerade in einem Bereich wie der Magie ist es von erheblicher Bedeutung „mit beiden Beinen auf der Erde zu stehen". Gerade, wenn man viel mit feinstofflichen Sphären interagiert, läuft man auf Dauer sonst durchaus Gefahr, die „Bodenhaftung" zu verlieren.

Es gibt eine ganze Reihe von magischen Techniken, welche uns (quasi als Nebeneffekt) erden und unsere persönlichen Energien zurück ins Gleichgewicht bringen. Einige Beispiele hierfür sind das Kabbalistische Kreuz, das IAO, oder wiederum das „kleine Bannende Pentagramm-Ritual". Diese Übungen haben es alle gemeinsam, dass wir uns mit ihnen gewissermaßen in allen vier Himmelsrichtungen verankern, unsere Energien ausbalancieren und unsere Aura versiegeln.

Wirkliche Erdung erlangen wir allerdings vor allem dadurch, dass wir uns hin und wieder aus dem magischen Zirkus heraus nehmen und uns erneut mit der materiellen Wirklichkeit verbinden. Dies erscheint auf den ersten Blick vielleicht profan, oder gar unwichtig, doch jeder der Erfahrungen mit magischer Arbeit hat, wird die Bedeutung von regelmäßiger Erdung bestätigen können.

Um uns zwischendurch immer mal wieder aufs Neue mit der materiellen Ebene zu verbinden, eignen sich vor allem Tätigkeiten, die man als „wirklich bodenständig" bezeichnen kann. Hierzu zählen unter anderem die Arbeit im Garten, ausgiebige Spaziergänge in der Natur, handwerkliche Arbeiten, Ausflüge mit Freunden, oder im Besonderen auch Sex. Eben alles, was uns mit unserem Körper und der materiellen Natur verbindet.

Auch wenn du am Anfang vielleicht gar nicht genug von der magischen Arbeit bekommen kannst, solltest du stets darauf achten, immer wieder Phasen einzulegen, in denen du dich ganz und gar auf die Materie einlässt. Dies dient nicht nur dazu, deine geistige Gesundheit zu erhalten, sondern deine Magie wird auch weitaus effektiver sein, wenn eine gesunde Balance zwischen Geist und Materie existiert.

Das Chanten magischer Formeln

Du hast bereits gelernt, welche Bedeutung das Visualisieren im Rahmen der Ausübung seriöser Magie einnimmt. Diese Fähigkeit wird dich auch dein ganzes, magisches Leben lang durch die verschiedenen magischen Praktiken begleiten und von Bedeutung sein. Es gibt allerdings eine weitere Komponente, welche dir vor allem in den magischen Praktiken der westlichen Tradition immer wieder begegnen. Es geht um das sogenannte *Chanten* oder *Vibrieren* (der magischen Namen). Hierbei werden bestimmte magische Formeln während des Rituals bzw. der magischen Techniken mittels der eigenen Stimme laut (und langgezogen) vibriert. Das Vibrieren entspricht dabei einer Mischung aus sprechen und singen.

Ich werde im Rahmen dieses Buches (und der folgenden Bände) immer wieder magische Techniken vorstellen, die aus westlichen Traditionen stammen und in renommierten Orden und Logen (wie z.B. dem Golden Dawn) praktiziert werden. Diese Techniken erzeugen nicht nur sofort eine spürbare Wirkung (und haben somit einen ganz praktischen Nutzen), sondern sie schulen auch hervorragend bestimmte, magische Eigenschaften. Dabei spielt das Chanten magischer Formeln immer wieder eine tragende Rolle.

Es handelt sich bei diesen magischen Formeln in der Regel um extrem machtvolle Worte, welche eine erhebliche Kraft in sich tragen. Der Haupt-Nutzen des Vibrierens dieser magischen Formeln liegt darin, dass sie uns auf der denkbar tiefsten Ebene unseres Bewusstseins daran erinnern, was wir sind und welcher Quelle wir entspringen. Dies geschieht unbewusst und potenziert (aufgrund der Rückbesinnung auf unseren göttlichen Ursprung) unsere schöpferische Kraft, was wiederum unserer magischen Arbeit eine stark erhöhte Wirksamkeit verleiht.

Ein weiterer Zweck des Chantens ist es, dass sich die Mitglieder einer (magisch arbeitenden) Gruppe dabei auf ein gemeinsames Energie-Niveau einpendeln. Der gemeinsame Chant der magischen Formeln leitet das gemeinsame Ritual ein und beginnt oft mit einer wahren Kakophonie. Dies hat den Grund, dass sich zu Beginn jeder Teilnehmer in seiner „ganz eigenen Welt" bzw. auf seinem eigenen Energie-Level bewegt. Im Laufe des gemeinsamen Vibrierens pendeln sich die Teilnehmer des Rituals immer mehr aufeinander ein, bis sie sich schließlich auf dem gleichen Level „einschwingen" und aus dem anfänglichen Missklang ein machtvoller, magischer Gesang entsteht. Alle Mitglieder der Gruppe haben sich nun aufeinander eingestimmt und sind in der Lage, ihre Aufmerksamkeit (= Energie) auf ein gemeinsames Ziel auszurichten.

Im Laufe der folgenden Übungen wirst du öfter mit solchen magischen Formeln zu tun haben. Lasse dich beim singen bzw. vibrieren der Formeln einfach fallen und lege dabei so viel Kraft wie möglich in deine Stimme. Oft kommt es vor, dass sich Neulinge in der Magie dabei vor sich selbst genieren und der Chant somit an Kraft verliert. Dafür gibt es überhaupt keine Notwendigkeit. Entweder bist du (anfangs vermutlich) ganz alleine im Raum, oder die anderen (Mitglieder einer Gruppe) tun das Gleiche wie du. Je schneller du dich an den Gebrauch dieser Formeln gewöhnst, desto besser. Wenn du sie entsprechend ihrer Bestimmung nutzt und deine ganze Kraft in die Worte legst, wirst du sehr schnell die ungeheure Kraft dieser uralten Worte der Macht erfahren.

Praxis

Die IAO-Formel (Ἰαω)

Zunächst wollen wir hier eine magische Formel behandeln, die zwar denkbar einfach, aber auch extrem effektiv ist. Die Rede ist von der sogenannten IAO-Formel. Bei dem IAO *(griech. Ἰαω)*handelt es sich um einen Begriff, der aus dem gnostischen Bereich überliefert ist und der eine große Kraft in sich birgt. Detaillierte Erklärungen zu dieser Begrifflichkeit werde ich mir hier sparen, da man schon darüber ein eigenes Buch schreiben könnte.

Deshalb nur kurz: Das IAO ist eng mit dem Tetragrammaton der jüdischen Mystik verbunden. Beim Tetragrammaton handelt es sich um den Namen Gottes IHWH (יהוה), welcher den Juden heilig ist und nicht von normalen Menschen ausgesprochen werden darf. Es handelt sich beim IAO um eine sehr kraftvolle, magische Formel, welche uns bei der Intonation auf tiefster Ebene an unsere göttliche Herkunft erinnert.

Der folgende Ritus kann in verschiedenen Varianten ausgeführt werden. Ich werde hier jene Version vorstellen, die ich persönlich bevorzuge. Die Abweichungen zu anderen Arten der Ausführung sind allerdings minimal. Die Durchführung der IAO-Formel sorgt zum einen dafür, dass man sich erdet, zentriert und in seine Mitte kommt.

Es ist zum anderen eine sehr wirkungsvolle Art, seine Aura zu versiegeln und sich somit gegen äußere, energetische Einflüsse abzuschirmen. Zudem kann das IAO im weitesten Sinne auch als Bannung betrachtet und zur Einleitung bzw. zum Abschluss magischer Operationen genutzt werden.

Gerade in (oder vor) schwierigen Situationen ist es sehr hilfreich, ein IAO durchzuführen. So zum Beispiel vor einem Bewerbungstermin, einer Gerichtsverhandlung, oder dem Halten einer Rede. Aber auch im Alltag sorgt das IAO dafür, dass wir in uns selbst ruhen und uns nicht so leicht von äußeren Einflüssen stressen lassen.

Da die Durchführung unkompliziert ist und nur wenig Zeit in Anspruch nimmt, empfehle ich dir, die Übung täglich einmal am Morgen und am Abend auszuführen. Wenn du diesen Rat befolgst, wirst du vermutlich recht schnell und sehr deutlich spüren, dass du mit viel mehr Ruhe durch den Tag gehst und die Unwegbarkeiten des Lebens dich nicht mehr so leicht aus der Bahn werfen können.

Technik: I-A-O

1. Nimm eine bequeme Haltung ein und stelle dich, die Beine schulterbreit auseinander, an einen (ruhigen) Ort deiner Wahl. Wichtig ist hierbei nur, dass du genug Platz hast. Schließe die Augen und atme einige Male tief durch, bis du eine Ruhe in dir aufsteigen spürst.

2. Visualisiere, wie sich der Raum um dich herum mit reiner, weißer Energie füllt, bis diese dich gänzlich umgibt.

3. Atme vier Mal tief ein und aus und sieh (vor deinem geistigen Auge) dabei zu, wie sich die Energie immer weiter verdichtet. Beim letzten Einatmen visualisiere, wie eine weiße Lichtsäule aus Energie von oben senkrecht durch deinen Körper schießt.

4. Beim Ausatmen intoniere laut: **Iiiiiiiiiiiiiiii**

5. Intoniere so lange, bis keine Luft mehr in deinen Lungen ist.

6. Hebe deine Arme, so dass dein Körper ein Kreuz bildet (siehe. Abbildung) und atme weitere vier Mal ein.Visualisiere dabei, wie die weiße Lichtsäule mit jedem Atemzug kraftvoller wird und vor lauter Energie erzittert. Beim letzten Einatmen stelle dir vor, wie eine rote Lichtsäule von rechts oder links waagerecht durch deinen Körper schießt und die weiße Säule auf Höhe deines Herzens kreuzt.

7. Beim Ausatmen intoniere: **Aaaaaaaaaaaa**
8. Intoniere auch hier so lange, bis keine Luft mehr in deinen Lungen ist.

9. Senke deine Arme und atme weitere vier Mal ein und aus. Visualisiere dabei, wie das Kreuz aus den beiden Energie-Säulen (weiß und rot) mit jedem Atemzug kraftvoller wird und energetisch vibriert.

10. Beim letzten Einatmen visualisiere, wie ein mächtiger, blauer Energie-Impuls aus deinem Herzen hervorbricht und so weit anwächst, bis dein ganzer Körper aus einer Kugel von blauem Licht umhüllt ist.

11. Beim Ausatmen intoniere laut: **Oooooooo**

12. Lass die Intonation erst abklingen, wenn keine Luft mehr in deinen Lungen ist.

13. Atme weitere vier Male ein und aus und spüre wie die beiden Lichtsäulen und die blaue Kugel immer energiegeladener pulsieren.

14. Halte das Bild aufrecht und intoniere beim letzten Ausatmen laut und kraftvoll:

Iiiiiiiiiiiiii-Aaaaaaaaaa-Oooooo

15. Verstumme erst, wenn keine Luft mehr in den Lungen ist. Anschließend verharre noch einen Moment, lasse das Bild langsam verblassen und öffne dann deine Augen.

Du wirst sehr schnell merken, dass es sich bei der IAO-Formel um eines sehr kraftvolle, magische Übung handelt. Ich hege absolut keinen Zweifel daran, dass du sehr schnell deutliche Veränderungen in dir und der Atmosphäre verspüren wirst.

Es ist nicht schlimm, falls die Durchführung anfangs noch etwas holprig ist. Hast du diese einfache, magische Formel einmal richtig verinnerlicht, so wirst du sie für den Rest deines Lebens zu deinem Vorteil nutzen können. Auch hier gilt: **Übung macht den Meister!**

Führe diese kurze Übung im Idealfall einmal morgens und einmal abends durch. Notiere deine Fortschritte unbedingt in deinem magischen Tagebuch!

Wie flüssig war die Ausführung?

Gab es Hindernisse, oder (innere) Widerstände?

Wie hast du dich während der Übung gefühlt?

Welche Veränderung war nach Beendigung des IAO wahrnehmbar?

Die I-A-O Formel

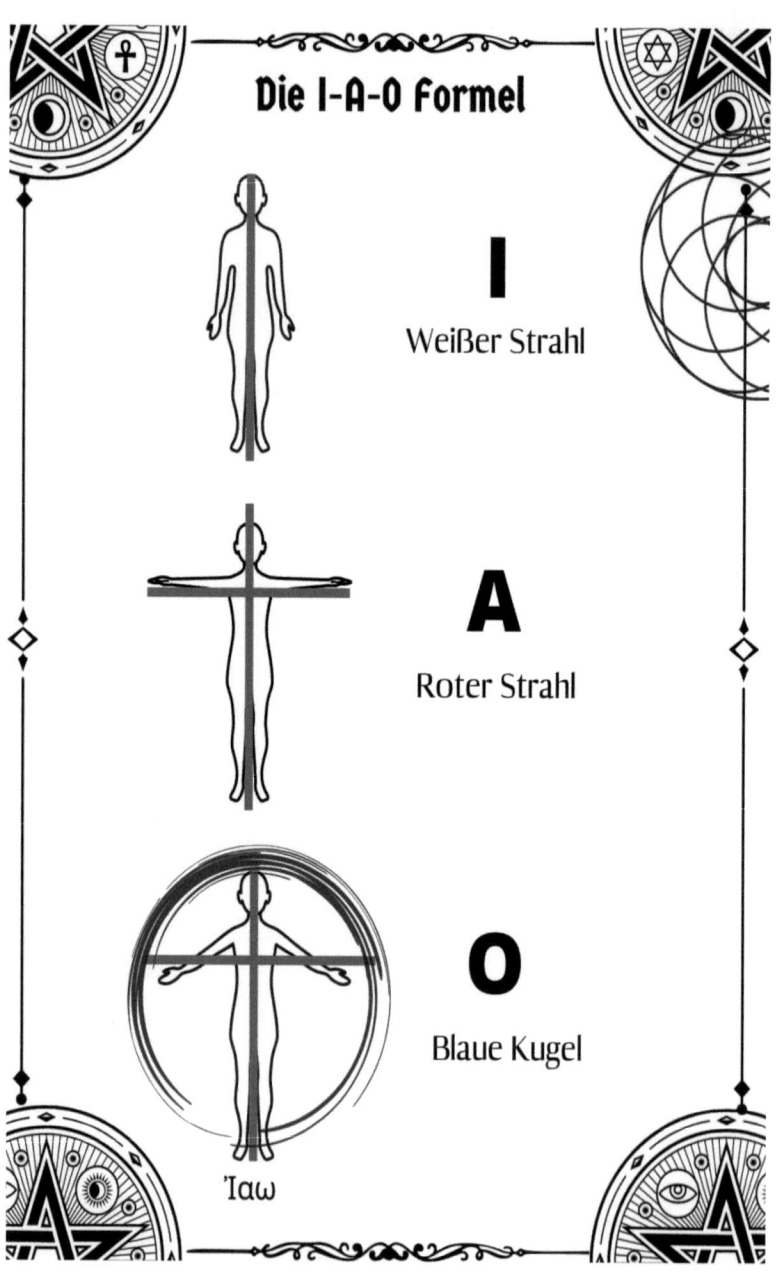

I
Weißer Strahl

A
Roter Strahl

O
Blaue Kugel

Ἰαω

Das kabbalistische Kreuz

Eine Übung, die in ihrer Wirkung mit dem IAO vergleichbar ist, ist das kabbalistische Kreuz. Diese Übung hilft dabei, sich seiner eigenen Göttlichkeit bewusst zu werden. Die magische Formel kommt aus dem hebräischen und ist im Wortlaut ein Teil des allseits bekannten Vater-Unser. Die Formel triggert uns auf unbewusster Ebene und verbindet uns mit unserem ursprünglichen Daseins-Zustand als untrennbarer Teil Gottes.

Außerdem hat das kabbalistische Kreuz den Nutzen, dass es (ebenso wie das IAO) unsere Aura versiegelt und uns zurück in unsere Mitte bringt. Aus diesem Grund eignet es sich ebenfalls gut, um sich vor unerwünschten, äußeren Einflüssen abzuschirmen. Zudem dient es der Erdung, spült gewissermaßen unsere Energie-Zentren durch und verhindert somit die Stagnation der Energie. Aus diesen Gründen wird das kabbalistische Kreuz (kurz KK) beispielsweise auch als einleitende und abschließende Übung im Kleinen bannenden Pentagramm-Ritual (KBPR) genutzt.

Ein weiterer Effekt ist es, dass man im Laufe der Übung Energie akkumuliert, welche man im Anschluss nach Belieben für andere, magische Operationen nutzen kann.

Wenn ich das kabbalistische Kreuz durchführe, verspüre ich persönlich nach Abschluss der Übung z.B. extrem deutlich die angesammelte, pulsierende und kribbelnde Energie in Händen, Füßen und Kopf. Diese Energie kann dann natürlich ganz hervorragend für andere magische Operationen aller Art verwendet werden.

Technik: Kabbalistisches Kreuz

1. Stehe bequem (die Beine schulterbreit) und schließe die Augen.
2. Spüre, wie du fest auf dem Boden stehst und atme ruhig und kräftig.
3. Visualisiere, wie du mit jedem Atemzug größer und größer wirst. (Zunächst siehst du dein Haus unter dir, beim nächsten Atemzug deine Stadt, dann schaust du auf den ganzen Kontinent herab, bis dein Kopf die Erdatmosphäre verlässt, und so weiter)
4. Bestimme selber den Punkt, an dem du dein Wachstum beendest und sieh vor deinem inneren Auge, wie sich das Universum mit strahlend weißer Energie füllt.
5. Visualisiere, wie eine kraftvolle, weiße Energie-Säule senkrecht von oben in dich einstrahlt und dich durch dein Füße wieder verlässt.
6. Spüre, wie diese Energie-Säule pulsiert und immer kraftvoller wird. Atme vier Mal tief ein und aus.
7. Beim letzten Atemzug führe deine rechte Hand zur Stirn und intoniere beim ausatmen das Mantra:

ATAH
(Ataaaaaaaaaaaaaaaaah)

8. Intoniere das Mantra so lange, bis alle Luft deine Lungen verlassen hat.
9. Atme weitere vier Male und visualisiere, wie die Energie-Säule immer kraftvoller wird und vor lauter Energie vibriert und pulsiert.
10. Beim letzten Atemzug zeige auf den Boden unter dir und intoniere laut und kraftvoll:

MALCHUT
(Maaaaaal-chuuuuuuut)

12. Beende die Intonation erst, wenn alle Luft deine Lungen verlassen hat.
13. Atme weitere vier Mal tief ein und aus und visualisiere nun, wie eine weitere Energie-Säule von rechts auf dich zuschießt, dich in der Waagerechten durchdringt und sich schließlich in deinem Herz-Zentrum verankert.
14. Beim vierten Atemzug berührst du deine rechte Schulter und intonierst laut und kraftvoll:

VE GEVURAH
(Veeee Geeeeee-vuuuuu-raaaaaah)

15. Lasse alle Luft aus deinen Lungen strömen und visualisiere dann, wie auch von links eine Energie-Säule in dich eindringt und sich ebenfalls in deinem Herzen verankert.

16. Spüre, wie die Energie der Säulen mit jedem Atemzug kräftiger pulsiert und immer weiter an Intensität zunimmt. Beim vierten Atemzug intoniere:

VE GEDULAH
(Veeee Geeeeee-duuuuu-laaaaaah)

17. Nimm noch einmal vier tiefe Atemzüge und visualisiere, wie die Energie in deinem Inneren immer mehr an Kraft zunimmt, überkreuze deine Arme vor der Brust und intoniere beim vierten Atemzug:

LE OLAM
(Leeeeee Oooooooooo-laaaaaaaaam)

18.   Lasse nun deine Arme sinken, atme noch einige Male tief durch, während du das Bild in deinem Geiste verebben lässt.
19.   Intoniere dann laut und kraftvoll:

AMEN
(Aaaaaaaaaa-meeeeeeeeeen)

20. Öffne nun die Augen und klatsche in die Hände.

Du hast das kabbalistische Kreuz nun erfolgreich vollendet. Auch wenn es im ersten Augenblick kompliziert wirken mag, ist es in Wahrheit ganz einfach und problemlos innerhalb von 5 – 10 Minuten durchführbar. Ich verspreche dir, dass dir der Ablauf schon nach kurzer Zeit der Übung in Fleisch und Blut übergehen wird. Ich empfehle, die Übung einmal am Tag durchzuführen. Du kannst eine der IAO-Übungen (morgens oder abends) auch durch das kabbalistische Kreuz ersetzen.

Achte darauf, was in dir und um dich herum geschieht, denn es sollten schnell spürbare Effekte auftreten. Wie fühltest du dich vor der Ausführung und wie danach? Spürst du eine Veränderung in der Energetik? Hat sich die Atmosphäre deiner Umgebung verändert? Notiere alles in dein magisches Tagebuch!

Sigillen-Magie

Oft geht es in der praktischen Magie einfach darum, ein bestimmtes Ziel zu erreichen. Auch wenn die persönliche Vervollkommnung in der magischen Praxis immer eine Rolle spielt, so haben wir doch auch ganz weltliche Anliegen. Und da uns mit der Magie ein hilfreiches Werkzeug zur Verfügung steht, sollten wir dieses unbedingt auch nutzen. Eine der effizientesten Methoden, seine Ziele zu erreichen ist definitiv die sogenannte Sigillen-Magie.

Hierbei handelt es sich um eine wirksame Bewusstseins-Technologie, mit welcher sich unser Wille direkt in das Bewusstsein einpflanzen lässt. Warum Sigillen so hervorragend funktionieren, möchte ich an dieser Stelle nicht umfassend behandeln, da dies ein nicht unerhebliches Vorwissen voraussetzt.

Hier werde ich nur die Technik erläutern und das entsprechende Grundwissen vermitteln. Dies wird genügen, um die Sigillen-Magie erfolgreich in der Praxis anzuwenden. Auf die größeren Zusammenhänge wird im zweiten Band dieser Reihe genauer eingegangen.

Das Bewusstsein und die feinstofflicheren Ebenen der Existenz haben gewissermaßen eine ganz eigene Sprache. Sie bedienen sich ausgiebig der Sprache der Symbolik. Dies lässt sich leicht erkennen, wenn wir unsere Träume beobachten. Wir träumen grundsätzlich in Symbolen.

Eine Sache wird durch ein bestimmtes Bild symbolisiert und wir können lernen, die Symbol-Sprache des Bewusstseins zu verstehen, wenn wir lernen, die jeweiligen Bilder zu deuten. Doch wenn unser (Unter-)Bewusstsein in Symbolen zu uns spricht, dann können wir logischerweise auch auf die selbe Weise zu ihm sprechen. Es ist problemlos möglich, unser Bewusstsein auf bestimmte Ereignisse zu primen. Da wir unserer Herkunft nach göttlichen Ursprungs sind, setzen wir mit unserem Willen einen schöpferischen Impuls.

Es gibt zwar gewisse „Schutz-Mechanismen", welche dafür sorgen, dass nicht sofort alles was wir wollen in die Realität tritt. (Man stelle sich vor, was dies für ein Chaos nach sich zöge!) Doch wenn man diese Mechanismen kennt und die Sprache des Bewusstseins beherrscht, so ist es problemlos möglich, diese Mechanismen zu umgehen, oder sogar für sich zu nutzen. Ein bewährtes und unglaublich effizientes Mittel hierzu ist die Nutzung von Sigillen.

Mit Hilfe der Sigillen-Magie verpacken wir unseren eigenen Willen in eine angemessene Form, übersetzen ihn direkt in die Sprache des Bewusstseins und schleusen diesen chiffrierten Willens-Satz direkt am oben erwähnten Schutz-Mechanismus vorbei, so dass sich unser Wille hier in der Materie manifestieren kann. Einmal erlernt sind Sigillen ein unglaublich mächtiges Werkzeug, um dafür zu sorgen, dass von uns gewünschte Ereignisse eintreten.

Ich selber nutze Sigillen oft und gerne, da sie mit einem minimalen Aufwand maximale Erfolge generieren. Außerdem wirken sie oftmals sehr schnell und (mit etwas Übung bei der Formulierung des magischen Willens-Satzes) auch weitgehend rückstoßfrei. Nachfolgend ein kleines Beispiel aus der jüngeren Vergangenheit.

Ich war zu diesem Zeitpunkt als selbstständiger IT-Experte tätig. Bei dieser Form der Arbeit kommt es aber oftmals vor, dass man mal große Mengen an Geld verdient und auch mal einige Monate gar nichts. Ich befand mich gerade seit längerem in einer Phase der finanziellen Ebbe und hatte beschlossen, mittels Sigillen-Magie etwas nachzuhelfen. Ich lud am Abend die Sigille auf und gab mir Mühe, dieser magischen Operation keine weitere Beachtung zu schenken. Zwei Tage später erhielt ich Nachricht von einem alten Kunden, der von mir eine zusätzliche Leistung buchen wollte und diese auch sofort bezahlte.

Diese Form von außerplanmäßigen Finanz-Spritzen mit Hilfe der Sigillen-Magie ist bei mir nichts Ungewöhnliches. Tatsächlich funktionieren Sigillen gerade in derartigen Angelegenheiten sehr zuverlässig und vor allem auch relativ schnell. Man pflanzt seinem Bewusstsein (übersetzt in dessen Sprache) ein bestimmtes Ereignis ein, umgeht dabei den Zensor und die Natur des Bewusstseins sorgt dafür, dass eben jenes Ereignis Wirklichkeit wird. Klingt einfach? Ist es auch!

Ich bin auch bei Weitem nicht der Einzige, der auf die Wirksamkeit der Sigillen-Magie schwört. Ein prominenter Nutzer von Sigillen ist beispielsweise der berühmte Sänger Robbie Williams. Dieser hat für das Cover seines Albums *Intensive Care* eine Sigille mit einem bestimmten Willens-Satz angefertigt. (Ich vermute einfach mal, dass es dabei um den Erfolg des besagten Albums ging.) Auf dem Cover ist zu sehen, wie Robbie Williams seinen Finger zeigt, während auf seiner Fingerkuppe die Sigille abgebildet ist.

Diese Abbildung animiert den Käufer auf (wahrhaftig) magische Weise dazu, den eigenen Finger darauf zu legen und somit die Sigille des Herrn Williams mit Kraft zu versorgen. Geht man nun davon aus, dass auch nur ein Teil der Fans die Sigille auf diese Weise mit Kraft versorgt, sollte dem Erfolg nichts mehr im Wege stehen.

Und so war es auch! Mit Hilfe seiner Sigillen-Magie (in Kombination mit seiner künstlerischen Leistung) sorgte Robbie Williams dafür, dass sein Album ganze 6,53 Millionen mal verkauft wurde, insgesamt 4 x Gold, 50 x Platin und 2 Diamant-Auszeichnungen erhielt. Und wem diese Geschichte zu unglaublich klingt: Überprüft es selbst!

Hierbei handelt es sich um ein prominentes, aber auch recht typisches Beispiel für die Effizienz von Sigillen-Magie. Warum also sollten wir dieses machtvolle Werkzeug nicht auch für uns nutzen?

Technik: Sigillen-Magie

Die Sigillen-Magie ist in magischen Kreisen deshalb so populär, weil sie auf der einen Seite zwar extrem wirksam, auf der anderen aber auch sehr einfach ist. Im Wesentlichen geht es darum, den eigenen Willen klug zu formulieren, ihn in die Symbol-Sprache des Bewusstseins zu übersetzen und ihn dann vorbei am Verstand in selbiges einzuschleusen. Da unser Bewusstsein ausschließlich in Bildern und Symbolen spricht, kann unser Willens-Satz auf der „anderen Seite" problemlos wieder decodiert werden und sich in der Realität manifestieren.

Schritt 1: Der magische Willens-Satz

Einer der wichtigsten Punkte in der Sigillen-Magie ist der magische Willens-Satz. Hier geht es darum, seinen Willen so zu formulieren, dass man ihn in die Symbol-Sprache des Bewusstseins übersetzen und am Zensor vorbei übermitteln kann. Dies betrifft im übrigen auch nicht nur die Sigillen-Magie. Die Formulierung des magischen Willens spielt in der Magie grundsätzlich eine große Rolle. Bei der Erstellung des magischen Willens-Satzes gilt folgende Regel:

So präzise wie nötig, so allgemein wie möglich!

Dies hat die Bewandtnis, dass man natürlich zum einen den eigenen Willen so präzise wie eben nötig verpacken muss, damit der Willens-Satz klar formuliert ist und dieser sich letztlich in der Wirklichkeit manifestieren kann.

Auf der anderen Seite sollte man ihn so allgemein wie möglich formulieren, um dem Leben (dem Universum, dem Bewusstsein, etc. pp.) möglichst viele Wege offen zu lassen, den gewünschten Effekt in die Realität zu bringen. Hierzu ein kleines Beispiel:

Mein Auto ist kaputt und mein Ziel ist es nun, einen bestimmten Geldbetrag für ein neues Auto zu erhalten. Ein möglicher Willen-Satz wäre also zum Beispiel:

Ich gewinne 25.000 € in der Lotterie

Dieser Willen-Satz ist nicht optimal gewählt, da er zum einen die Summe explizit festlegt und somit wenig Spielraum lässt. Viel problematischer ist jedoch die Tatsache, dass wir uns mit der Formulierung „in der Lotterie" auf nur einen einzigen, möglichen Weg festlegen und dem Leben damit Milliarden andere Möglichkeiten verbauen, den gewünschten Geldbetrag in unsere Wirklichkeit zu holen.

Jeder der seit einiger Zeit ernsthaft Magie praktiziert wird bestätigen können, dass das Universum dazu tendiert, das Resultat eines bestimmten Zaubers auf den wunderlichsten Wegen in unserem Leben zu manifestieren. Oftmals entbehrt das Ganze tatsächlich auch nicht einer gewissen Komik. Und gerade weil das Leben oftmals völlig absurde Wege wählt, um unseren magischen Willen zu erfüllen, so sollten wir dem Universum möglichst viele Möglichkeiten offen lassen, das Ergebnis unseres Zaubers in unser Leben zu bringen. Besser könnten wir also formulieren:

Ich erhalte einen Geldbetrag von 25.000 €

Bei diesem magischen Willens-Satz legen wir zwar den Betrag fest, lassen die Art uns Weise aber gänzlich offen, so dass das Leben bei der Erfüllung unseres magischen Willens seine ganze Kreativität zum Ausdruck bringen kann. Spätestens wenn du dich eine Weile in der Praxis der Sigillen-Magie geübt hast, wirst du wissen, was ich mit der Kreativität des Universums und dem Humor Gottes genau zum Ausdruck bringen will.

Auch wenn diese Formulierung schon wesentlich besser ist, sollte man darüber nachdenken, ob man den Geldbetrag klar definiert, oder ob man lediglich einen (Mindest-)Rahmen vorgibt. Dies hat auch wiederum den Vorteil, dass man mehr Spielraum bei der Erfüllung unseres Willens lässt.

Denn mal ehrlich: Letztendlich ist es uns doch zumeist ziemlich gleich, ob wir als Resultat unseres Zaubers nun einen Betrag von 24.744 € oder 26.920 € erhalten. Mehr Geld ist natürlich immer schön, doch zur Erfüllung unseres Zieles sind beide Beträge geeignet und indem wir nur einen Mindestbetrag festlegen, lassen wir einen größeren Spielraum offen. Der finale Willen-Satz könnte in dem Fall also lauten:

Ich erhalte einen Geldbetrag von mehr als 20.000 €

oder etwa

Ich erhalte einen hohen Geldbetrag

Es herrscht zwar in der Magie ein weitgehender Konsens, den magischen Willen in der Ist-Form festzuhalten, doch manche Magier halten noch die Zeit fest. (z.B.: *Ich erhalte in den nächsten vier Wochen einen Geldbetrag von mehr als 20.000 €*). Ich persönlich halte diese Praxis nicht für zielführend, da wir unserem Bewusstsein suggerieren wollen, dass das gewünschte Resultat schon eingetreten ist. Fügen wir einen Zeitrahmen hinzu, so vermitteln wir unserem Bewusstsein, dass das Ergebnis eben noch nicht eingetreten ist. Hier gilt der alte Leitsatz:

Das Endergebnis vorweg nehmen!

Noch ein Hinweis zur Geld-Magie

Auch wenn es hier primär um die Formulierung des magischen Willen-Satzes geht, so handelt dieses Beispiel dennoch von einem Geldzauber. Deshalb möchte ich dir noch einen wertvollen Ratschlag zu Geld-Zaubern im Allgemeinen geben.

Wenn du willst, dass deine Geldzauber gut funktionieren, gehe dabei immer von deinem momentanen Status aus und wähle die gewünschten Beträge so, dass sie stets nur ein wenig höher liegen, als das Größte, was du für gerade noch realistisch hältst.

Ein Arbeitsloser verfügt vielleicht effektiv nur über 500 €, welche er monatlich für den persönlichen Bedarf ausgeben kann. Da das Bewusstsein dieses Menschen durch seinen ganzen Alltag auf einen dementsprechenden Lebensstil konditioniert ist, sollte er zunächst für Beträge zaubern, die für ihn auch vorstellbar erscheinen. Für ihn wäre beispielsweise eine Sonderzahlung von rund 2000 € ein Betrag, der ihm zwar hoch, aber dennoch durchaus realistisch erscheint. Für einen entsprechenden Geld-Zauber sollte der Betrag also nicht höher gewählt sein als maximal 2500 – 3000 €. Auf diese Weise erhöhen sich die Erfolgs-Chancen erfahrungsgemäß signifikant.

Hat er seine Lebensumstände schließlich verbessert, können natürlich auch die Beträge erhöht werden.

Nimmt man als anderes Extrem einen Selfmade-Millionär, der über ein eigenes Vermögen von einigen Millionen Euro verfügt, so kann dieser die Beträge selbstverständlich auch höher ansetzen, ohne die Erfolgs-Aussichten seines Geld-Zaubers zu gefährden. Sein Bewusstsein ist durch seinen Alltag und das entsprechende Mind-Set auf höhere Beträge geprimed. Da es für ihn durchaus realistisch erscheint, durch den Abschluss eines Geschäftes 5 Millionen Euro Gewinn zu erwirtschaften, so kann er den Betrag auch problemlos auf 8 oder 10 Millionen Euro ansetzen. Eben ein wenig höher, als die Summe, welche für sein Bewusstsein realistisch zu erwarten wäre.

Dies ist nur ein gut gemeinter Ratschlag aus dem magischen Alltag, der sich in der Praxis bewährt hat. Selbstverständlich kann es auch passieren, dass einfach alle Umstände passen und ein Bettler mit Hilfe der Magie 100 Millionen Euro erhält. Die Wahrscheinlichkeit ist nur extrem niedrig und die Magie ist ein Spiel der Wahrscheinlichkeiten. Wir nutzen die verborgenen Naturgesetze, um die Wahrscheinlichkeiten zu unseren Gunsten zu beeinflussen. Und im Bereich Geldmagie wirst du viel wahrscheinlicher Gute Ergebnisse erzielen, wenn du dich an diese Regel hältst.

Dennoch steht es dir nicht nur frei, selbst damit zu experimentieren, sondern solche eigenen Experimente sind sogar notwendig und angeraten.

Sigillen-Magie (Technik): Wille

Im Wesentlichen unterscheidet man in der Sigillen-Magie zwischen zwei Methoden: Der Wort- und der Bild-Methode. Wir werden uns hier vor allem auf die Bild-Methode konzentrieren und die Wort-Methode (und viele, viele weitere Themen) ausführlicher im II. Band von „Das Buch der Magie" behandeln.

Haben wir unseren Willen-Satz formuliert, so geht es darum, ihn so zu chiffrieren, dass er am Verstand vorbei, direkt in unser (Unter-) Bewusstsein gepflanzt werden kann. Die Technik soll hier beispielhaft direkt am vorherigen Beispiel erläutert werden. Dieser Willenssatz lautet also:

Ich erhalte einen hohen Geldbetrag

Notiere dir den Willenssatz auf einem (gesonderten) Blatt Papier und beginne, die doppelten Buchstaben herauszustreichen. Daraus ergibt sich in diesem Fall also:

I C H E R A L T N H O G D B

Wenn der Willen-Satz auf seine Essenz zusammen gekürzt wurde, ist es möglich, diesen in die Sprache des Bewusstseins zu übertragen: Symbolik.

Hierbei wird ein Symbol aus allen (übrig gebliebenen) Buchstaben gestaltet. Es geht dabei mehr um die kreative Umsetzung, als um die Einhaltung einer bestimmten Technik. Die Anordnung ist nicht auf eine Reihenfolge angewiesen und die Buchstaben dürfen durchaus verfremdet werden. Obwohl die Sigille nach der Anfertigung noch aufgeladen werden muss, so ist es doch sinnvoll, auch die Anfertigung in einem tranceähnlichen Zustand vorzunehmen und sich während der Herstellung klar auf das Ziel der magischen Operation zu fokussieren. Es geht auch hier darum, dass Endergebnis vorweg zu nehmen und den erfüllten, eigenen Willen schon im Laufe der Anfertigung mit allen Sinnen zu erleben.

Wie schon erwähnt, sind der eigenen Kreativität hierbei kaum Grenzen gesetzt. Da diese magische Technik jedoch dazu konzipiert ist, über dein Bewusstsein zu wirken, solltest du die Sigille so anfertigen, dass du das Gesamtbild letztlich als ansprechend empfindest. Experimentiere mit verschiedenen Farben und Materialien. Besonders effektiv sind bei mir z.B. goldene Farbe auf schwarzem, oder rote Farbe auf weißem Papier. Da die Sigille aber in deinem eigenen Bewusstsein wirken muss, solltest du hier deine persönlichen Vorlieben ergründen.

Auf diese Weise werden nach und nach alle Buchstaben des gekürzten Willen-Satzes in das entsprechende Bild integriert, so dass ein Symbol entsteht, welches unseren magischen Willen perfekt repräsentiert. Mit Zeit und Übung wirst du dich Technik perfektionieren und einen ganz eigenen Stil und persönliche Vorlieben bei der Herstellung von Sigillen entwickeln.

Im letzten Schritt des Herstellungs-Prozesses kannst du das Symbol noch weiter vereinfachen und abstrahieren. Hierzu gibt es keine festen Regeln, doch beachte Folgendes:

Je unkomplizierter das Symbol ist, desto wirksamer ist es in der Regel auch. Achte dabei also darauf, dass die Sigillen möglichst einfach gehalten werden. Du wirst mit der Zeit den Bogen raus haben und deine Sigillen immer weiter vereinfachen und perfektionieren. Auch hier ist regelmäßige Praxis der Schlüssel zum Erfolg!

Hast du dein Symbol erarbeitet, so ist es bereit, am Zensor vorbei direkt in dein Unterbewusstsein gepflanzt zu werden. Dies geschieht über den Akt der Ladung deiner Sigille. Hierfür stehen dir verschiedene Optionen zur Verfügung.

Beispiel-Sigille

ICHERALTNHOGDB

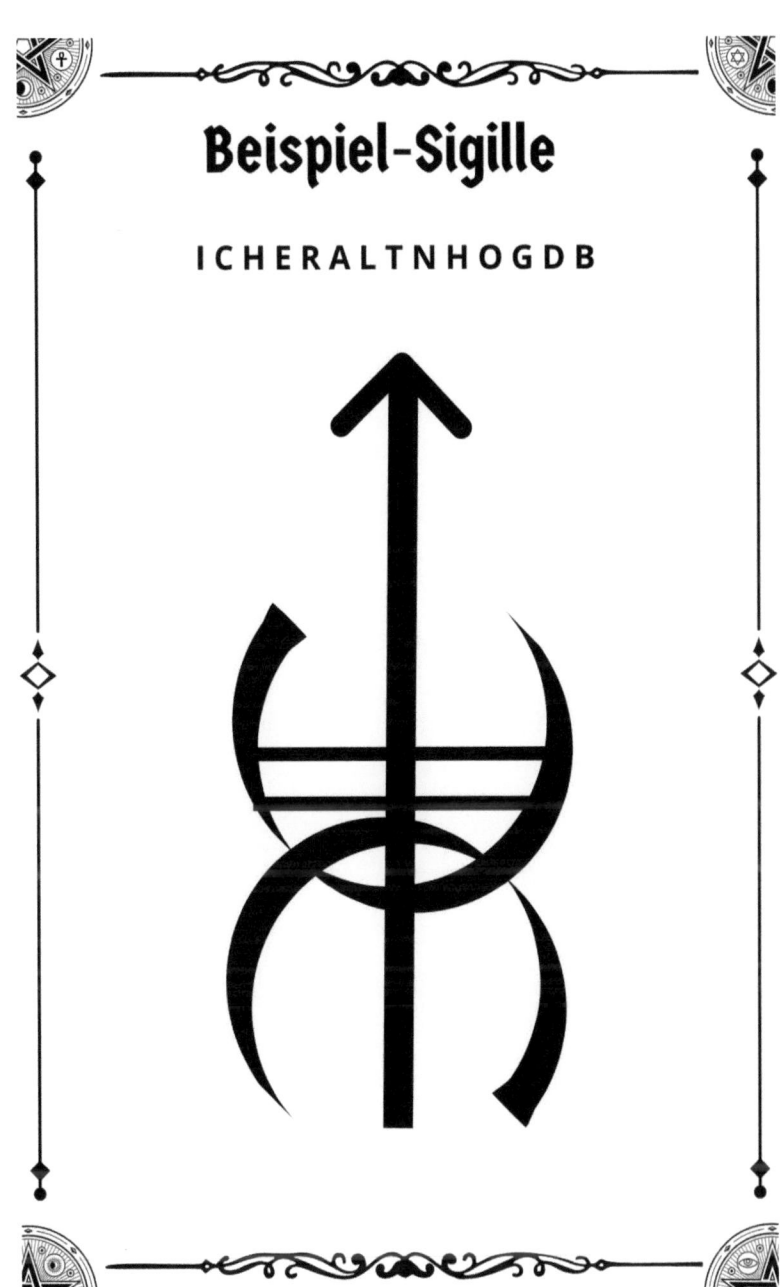

Sigillen-Magie (Technik): Ladung

Ist die Sigille schließlich fertig gestellt, so ist es an der Zeit diese zu laden. Es handelt sich hier nicht um die Form der Ladung, wie sie z.B. bei einem Talisman genutzt wird. Hier geht es nicht darum, Energie in die Sigille zu übertragen. Sinn und Zweck ist es, das Symbol (am Zensor vorbei) in das eigene Unterbewusstsein zu laden, wo die Sigille dann ihre volle Wirkung entfalten kann. Zum laden bzw. aktivieren einer solchen Sigille gibt es mehrere Möglichkeiten, welche aber alle mit einem veränderten Bewusstseins-Zustand zu tun haben und gewissermaßen ruckartig und plötzlich erfolgen. Was das genau bedeutet, wird ein bisschen später noch klarer werden. Hier einige Methoden zur Ladung deiner Sigille:

Die Todeshaltung

Die Todeshaltung geht auf den Begründer der Chaos-Magie, Austin Osman Spare, zurück. Bei der Todeshaltung geht es im Wesentlichen darum, dass Ich-Bewusstsein für einen Augenblick auszuschalten. Das Ego ist vor allem mit unserem Verstand und unserer Gedanken-Welt assoziiert. Gelingt es, uns kurz von unserem Ego zu entkoppeln, so ist dies der ideale Zustand, um unser kodiertes Symbol vorbei am Zensor in unser Unter-Bewusstsein zu schleusen. Die Technik funktioniert wie folgt:

1. Bringe die Sigille an der Wand (oder einer anderen Oberfläche) an, so dass sie sich direkt in deinem Sichtfeld befindet.

2. Setze oder stelle dich vor der Sigille auf und schließe die Augen.

3. Nun presse deine Hände zusätzlich auf Mund und Nase, so dass du keine Luft mehr bekommst.

4. Halte den Atem weiter an, bis du das Gefühl hast, dass es nicht mehr geht.

5. Wenn du das Gefühl hast, dass es nicht mehr geht: Halte die Luft noch einen Moment länger an!

6. Nun schnappe nach Luft, reiße ruckartig deine Augen auf und starre direkt auf die Sigille. Dies ist der Moment, in dem das magische Symbol förmlich in dein Unterbewusstsein gebrannt wird.

7. Anschließend banne die Sigille! (Erklärung weiter unten)

Diese Technik ist äußerst effektiv. Es ist dennoch selbstverständlich, dass sie mit Bedacht und in Kombination mit dem gesunden Menschenverstand eingesetzt werden sollte. Dies gilt übrigens grundsätzlich in der Magie. Halte dich hier stets an die sehr hilfreiche Maxime: „Sei kein Schwachkopf!" Wenn du dies beherzigst, wirst du mit dieser Methode schon bald beachtliche Resultate erzielen.

Sexuelle Ladung

Ein anderer Name für den Orgasmus ist: Der kleine Tod. Es ist also nicht schwer, die Verbindung zur vorherigen Methode der Sigillen-Ladung herzustellen. Auch der Orgasmus ist ein veränderter Bewusstseins-Zustand, welcher sich hervorragend zur Ladung einer Sigille eignet. Diese Methode funktioniert übrigens sowohl beim herkömmlichen Akt zu zweit, als auch bei der Masturbation, sofern ein Orgasmus das Resultat ist.

Bringe auch hier die Sigille gut sichtbar vor dir an, so dass du im richtigen Moment deine Augen aufreißen und das Symbol anstarren kannst. Wollen beide Sexual-Partner die Sigille aktivieren, so solltet ihr vorher unbedingt gut darüber nachdenken, wo ihr sie anbringt. Ich kann dir aus Erfahrung sagen, dass dies gar nicht so einfach ist.

Wenn du merkst, dass du zum Höhepunkt kommst, bereite dich auf die Ladung der Sigille vor. Genau im Moment des Orgasmus reißt du nun die Augen auf und starrst in diesem veränderten Bewusstseins-Zustand auf die Sigille, so dass diese sich (ruckartig) in dein Unter-Bewusstsein einprägt. Betrachte die Sigille gerade so lange, wie der Höhepunkt andauert. Danach banne das Symbol!

Wenn du der Ladung durch Sex mehr Kraft geben willst, kannst du vorher etwas mehr Energie aufstauen. Auf diese Weise kannst du den Orgasmus intensivieren und verstärkst somit natürlich auch die Wirkung. Um dies zu erreichen, solltest du jedes Mal kurz vor dem Höhepunkt inne halten und eine kurz Pause einlegen, bevor du (bzw. ihr) weiter machst. Dadurch steigert sich das Energie-Potential beim Höhepunkt signifikant.

Andere Formen der Ladung

Abgesehen von den beiden vorherigen Methoden, kann man Sigillen theoretisch auch mit anderen Techniken laden. Manche tun dies durch Visualisieren, Trommeln, oder das Übertragen von Energie (wie bei einem Talisman). Wenn du jedoch schnell spürbare Resultate erzielen willst, dann rate ich dir eher davon ab. Es gibt zwar die Möglichkeit, die sogenannte OmNil-Formel zur Ladung durch Visualisierung zu nutzen, doch deren wirksamer Gebrauch setzt m. E. n. ein entsprechend geschultes, magisches Bewusstsein voraus.

Bei der Ladung von Sigillen geht es vor allem um das ruckartige Eintreten des veränderten Bewusstsein. So z.B. das Anstarren nach Beendigung der Todeshaltung, oder im Moment des sexuellen Höhepunktes. Ich will nicht sagen, dass alle anderen Methoden gar keinen Effekt haben. Voraussetzung ist allerdings, dass das Übertragen der Sigille in dein Unterbewusstsein plötzlich (und eben ruckartig) geschieht. Falls du andere Methoden kennst, welche ähnlich wirksam sind, wie die beiden vorgestellten, so schreibe mir doch gerne eine Mail. Für den Anfang würde ich dir jedoch zur Nutzung der beiden vorgestellten Methoden raten, da du mit diesen schnell und einfach spürbare Effekte erzielen kannst.

Die Bannung der Sigille

Hast du die Sigille erfolgreich geladen, so muss diese noch gebannt werden. Hierfür hat sich besonders das Lachen bewährt. Fange nach der Ladung plötzlich und laut an zu lachen. Es kann auch durchaus ein künstliches (aufgesetztes) Lachen sein. Wichtig ist das Lachen selbst. Zusätzlich kannst du noch einmal in die Hände klatschen, auf den Boden stampfen, oder Ähnliches. Das Lachen und das Klatschen haben dabei nur den Zweck, dich ebenso plötzlich wieder aus dem „Lade-Zustand" zu holen und den Kanal in dein Unterbewusstsein zu verschließen.

Damit die Sigille wirken kann, musst du sie nun vergessen. Verbanne sowohl das Bild der Sigille, wie auch ihren Zweck aus deinem Bewusstsein und denke nicht mehr an daran. Wenn du nur eine Sigille anfertigst und diese lädst, so kann das natürlich schwierig sein. Dennoch ist es notwendig. Aus diesem Grund empfehle ich dir, stets mehrere Sigillen gleichzeitig anzufertigen und z.B. in einem „Sigillen-Glas" aufzubewahren. Der Vorteil ist, dass du dich so schon bald nicht mehr an den Zweck jeder einzelnen Sigille erinnern kannst. So kannst du bei Gelegenheit einfach immer eine der Sigillen ziehen und laden, ohne ihren genauen Nutzen zu kennen. So fällt das Vergessen erheblich leichter.

Wenn du die Sigille geladen und gebannt hast, vernichte sie! Du kannst sie entweder verbrennen, in einem Fluss davon treiben lassen, oder sie in der Erde vergraben. Wichtig ist, dass du sie symbolisch ziehen lässt und den Elementen übergibst. Ich persönlich bevorzuge das Verbrennen.

Sigillen: auf einen Blick

1. **WILLENS-SATZ FORMULIEREN**

2. **DOPPELTE BUCHSTABEN STREICHEN**

3. **AUS BUCHSTABEN EIN SYMBOL BILDEN**

4. **DAS SYMBOL NOCHMALS VEREINFACHEN**

5. **DIE SIGILLE LADEN BZW. AKTIVIEREN**

6. **BANNEN UND VERGESSEN**

Runen-Magie

Da wir die Nutzung der Runen als Schriftzeichen außer Acht lassen, bleiben im Wesentlichen zwei Verwendungen, welche hier zu behandeln sind. Dies sind zum einen das Runen-Orakel, aber auch die Verwendung der Runen als Zauberzeichen. Als bekennender Okkultist, der sich im Laufe der letzten Jahrzehnte bereits mit unzähligen Weisheits-Lehren und magischen Systemen beschäftigt hat, kann ich die magische Natur dieser archetypischen Symbolsprache gar nicht genug betonen.

Die Möglichkeit, in einem magischen Kontext mit Runen zu arbeiten ist schier grenzenlos. Alleine zu diesem Thema könnte man ganze Bände von Büchern füllen. Da es in diesem Buch aber vordergründig um das Runen-Orakel, sowie die Bedeutung der einzelnen Runen gehen soll (auch um die Natur des Buches als kompaktes Nachschlagewerk nicht zu verfälschen), werde ich hier nur auf ein paar elementare Punkte eingehen.

Vorab möchte ich noch sagen, warum sich die Runen aus einem ganz bestimmten Grund hervorragend für die magische Nutzung eignen:

Gerade hier im germanischen Raum wurden die Runen ausgiebig genutzt und haben eine Jahrtausende lange Tradition. Wer in Deutschland lebt (und von der indigenen, nordischen Bevölkerung abstammt), der kann mit ziemlicher Sicherheit davon ausgehen, dass seine Ur-Ahnen die Runen in der einen oder anderen Form genutzt haben.

Alleine ihrer Abstammung wegen sind viele der Menschen hier also eng mit der Magie der Runen verbunden. Um es kurz und bündig auszudrücken: **Wir haben die Runen im Blut!**

Runen für magische Zwecke nutzen

Doch wie lassen sich die Runen für magische Zwecke nutzen? Grundsätzlich können Runen in jede Form von magischer Arbeit eingebunden werden. So kann man sich bei der Planung eines Rituals eine (oder mehrere) Rune(n) auswählen, die energetisch zum gewünschten Effekt und dem geplanten Ritual passt und diese in den Ritus einbinden. Für Wohlstand würde sich beispielsweise FEHU eignen, für Angelegenheiten im häuslichen Bereich wäre OTHALA eine gute Wahl und für einen Talisman, der Rhetorik und Kommunikation fördern soll, würde ich ANSUZ wählen. Dabei ist es nicht erforderlich, ein Ritual nach germanischem bzw. nordischem Vorbild zu vollziehen.

Die Kraft der Runen ist universell und lässt sich nahezu beliebig adaptieren. Es ist also durchaus problemlos möglich, auch im Rahmen eines anderen Paradigmas die Kraft bestimmter Runen zu nutzen, um bestimmte Effekte zu erzielen. Dies ist (zugegebenermaßen) ein sehr chaosmagischer Ansatz, doch meiner Erfahrung nach funktioniert er ausgezeichnet.

Abgesehen von der Möglichkeit, Runen in den Ritual-Ablauf einzubauen, können diese Symbole der Macht auch auf andere Weise eingesetzt werden. Um den Umfang des Buches nicht unnötig zu strapazieren, möchte ich hier nur kurz auf die einfachsten Methoden eingehen, die Runen zu Zwecken der Magie bzw. zur Divination zu nutzen. Dies sind im Wesentlichen die Nutzung als **Talisman oder Amulett**, **Binderunen**, oder im Rahmen des **Runen-Orakels**.

Runen-Talismane herstellen

Hervorragend eignet sich die Kraft der Runen zur Herstellung von magischen Gegenständen wie Talismanen oder Amuletten. Grundsätzlich funktionieren Talisman und Amulett in der Magie sehr ähnlich. Auch der Herstellungs-Prozess ist im Wesentlichen gleich. Der Unterschied zwischen Talisman und Amulett besteht einzig darin, dass der Talisman dafür gedacht ist, Dinge anzuziehen (z.B. Glück, Erfolg, Liebe), während es die Aufgabe des Amuletts ist, Dinge abzuwehren und den Träger zu schützen. (Eine hervorragende Rune für diesen Zweck wäre beispielsweise ALGIZ).

Talismane und Amulette lassen sich auf unterschiedliche Weise herstellen. Nachfolgend beschreibe ich einen einfachen und leicht durchführbaren Herstellungsprozess.

Gegenstand auswählen

Wähle einen Gegenstand, den du als Talisman oder Amulett nutzen möchtest. Grundsätzlich eignet sich fast alles, was eine energetische Ladung halten kann. Da du den Talisman mit der Energie der Rune laden willst, sollte es aber ein Werkstoff sein, den du ohne Probleme bearbeiten kannst. Besonders eignen sich hier Holz, oder ein anderer Stoff, der sich beschriften oder gravieren lässt.

Ich persönlich würde Speckstein empfehlen. Dieser lässt sich sehr gut bearbeiten und das enthaltene Quarz kann eine energetische Ladung hervorragend speichern. Papier und Stoff sind weniger geeignet.

Verbindung herstellen

Nimm den gewählten Gegenstand und versuche, seinen Charakter zu ergründen. Wie fühlt er sich an? Was für eine Geschichte könnte er haben? Wie riecht er? Was nimmst du sonst noch wahr? Versuche, dich mit dem Gegenstand zu verbinden. Sehr wirksam ist es auch, wenn du dem Gegenstand in Gedanken mitteilst, welchen Zweck er erfüllen wird. Behandele ihn wie ein lebendiges Wesen und versuche gedanklich in den Dialog mit ihm zu treten. Scheue dich nicht, dies zu tun. Es fühlt sich möglicherweise merkwürdig an, doch die Resultate werden dich dafür entlohnen.

Gegenstand bearbeiten

Suche dir einen ruhigen, geeigneten Platz. Schließe deine Augen und konzentriere dich auf deine Atmung, bis du eine tiefe Ruhe in dir fühlst. Bist du in deiner Mitte, so beginne damit, die Rune mittels der gewählten Technik in den Werkstoff zu übertragen. (Schneide sie in das Holz, ritze sie in den Speckstein, usw.)

Während du dies tust, stelle dir bildlich vor, wie der Talisman / das Amulett seinen Zweck erfüllt. Visualisiere Situationen, die von ihm angezogen oder abgewehrt werden. Stelle es dir lebhaft und **mit allen** Sinnen vor! Hast du den Prozess abgeschlossen, halte noch eine Weile inne und betrachte deinen Talisman. Lass ihn auf dich wirken.

Talisman oder Amulett weihen

Ist der Talisman fertig, so weihe ihn in einem feierlichen Rahmen. Hier sind der Fantasie keine Grenzen gesetzt. Gestalte ein kleines Ritual, in dem du deinem Talisman offiziell seine Aufgabe überträgst. Habe keine Angst, etwas falsch zu machen! Die Runen bergen ihre Kraft in sich und so wirken sie in jedem Falle. Ein solcher Text könnte z.B. lauten:

„Mit meinen eigenen Händen habe ich dich geschaffen, auf dass du mich von nun an mit der Kraft von ALGIZ auf all meinen Wegen behüten und meine Verbindung zum göttlichen Schutz sein mögest."

Deinem Einfallsreichtum sind hier wirklich keine Grenzen gesetzt und je öfter und routinemäßiger du den Talisman im Alltag verwendest, desto mehr versorgst du den Talisman zusätzlich mit Kraft. Beherzige meinen Rat, betrachte ihn als eigenständiges Wesen und die Ergebnisse werden mit der Zeit immer besser und auch offensichtlicher werden. Selbstverständlich kannst du auch mit Hilfe anderer (magischer) Praktiken Energie akkumulieren und diese dann auf den Talisman oder das Amulett übertragen. Bedenke hierbei aber immer, dass die Rune selbst über eine eigene Qualität verfügt. Diese wird immer auf ihre eigene Weise wirken. Mit zusätzlicher Energie kannst du deren Wirkung aber fabelhaft verstärken

Mit der Zeit wirst du merken, dass deine Runen-Talismane ganz hervorragend funktionieren. Dies ist oftmals auch ohne geschulte außersinnliche Wahrnehmung deutlich zu spüren. Ich selber besitze beispielsweise eine Silberkette, auf deren Anhänger die TIWAZ-Rune eingraviert ist. Dies ist die Rune des Gottes TYR (welchem dieses Buch gewidmet ist).

Diesen Talisman nutze ich vor allem in Situationen, in denen ich mich durchsetzen, mein Recht einfordern, oder besonderen Mut aufbringen muss.

Der Talisman funktioniert ganz ausgezeichnet, doch seine Kraft ist so stark, dass ich die Kette sofort danach ablegen muss, weil sich ein starker Druck auf dem Brustkorb bemerkbar macht, der während des Tragens an Intensität zunimmt. Nehme ich den Anhänger dann ab, verschwindet das Gefühl sofort. Aus diesem Grund bin ich übrigens auch kein Freund von tätowierten Runen. Die Kraft verstärkt sich nicht nur immer mehr, sondern durch das gänzliche Fehlen der anderen (nicht tätowierten) Runen, muss unweigerlich ein energetisches Ungleichgewicht entstehen.

Trage deinen Talisman, entlohne ihn mit deiner Aufmerksamkeit (Energie folgt der Aufmerksamkeit) und spüre, welche Effekte du wahrnehmen kannst. Wenn du dies tust, so bin ich mir sicher, dass du recht schnell die sehr spezielle Wirkung deiner Rune am eigenen Leibe spüren und erfassen wirst.

Binderunen

Die Runen-Kräfte lassen sich aber nicht nur einzeln nutzen. Es gibt durchaus Situationen, in denen es angebracht ist, die Kraft verschiedener Runen miteinander zu kombinieren und nutzbar zu machen. Hierzu nutzt man sogenannte Binderunden.

Binderunen können grundsätzlich genauso genutzt werden, wie einzelne Runen. Der einzige Unterschied ist der, dass in der Binderune die Energie-Qualitäten aller enthaltenen Runen vereint sind. Dabei gibt es einige Besonderheiten zu beachten, auf die ich gleich noch näher eingehen werde.

Ist die Binderune für den gewünschten Zweck hergestellt, so kannst du sie ebenfalls problemlos im Zuge eines Rituals, als Symbol (z.B. für Schutz, Wohlstand, Glück, etc.) an Haus oder Auto, als Sigille, für einen Talisman oder Ähnliches nutzen. Für die Herstellung von Binderunen solltest du jedoch Folgendes unbedingt beachten:

Das Futhark (die Runen-Reihe) ist nicht nur in die Aettire (oder Runen-Geschlechter) unterteilt. Da jede Rune eine eigene, innewohnende Energie hat, müssen die Runen zusätzlich nach ihrer übergeordneten Energie-Form gruppiert werden. Es existieren im Wesentlichen drei verschiedene Runen-Gruppen, welche ich im Folgenden kurz erläutern werde. Die erste Gruppe besteht aus **dominanten Runen**. Deren Energie ist so intensiv, dass sie in einer Binderune die anderen Runen-Kräfte überlagern. Bei der zweiten Gruppe handelt es sich um **neutrale Runen**. Diese haben keine besonderen

Auswirkungen auf die anderen, vorhandenen Runen. Die dritte Gruppe bilden die **ausgleichenden Runen**. Diese Runen haben das Potential die Kräfte der anderen Zeichen in der Binderune auszugleichen und zu harmonisieren. Eine Übersicht der drei Gruppen und der dazugehörigen Runen findest du auf der nächsten Seite.

Binderunen
(Runen-Gruppen)

Dominante Runen:
THURISAZ, KENAZ, HAGALAZ, SOWILO,
TIWAZ, EHWAZ, INGWAZ, URUZ

Ausgleichende Runen:
OTHALA, ALGIZ, PERTHRO, FEHU, WUNJO,
NAUTHIZ, JERA, EIHWAZ

Neutrale Runen
ANSUZ, RAIDHO, GEBO, ISA, DAGAZ,
LAGUZ, MANNAZ, BERKANA

Wenn du eine Binderune herstellen möchtest, achte stets auf die Energie-Qualität der jeweiligen Rune. Kombinierst du eine dominante Rune mit zwei neutralen Runen, so wird die Energie der ersten Rune die anderen beiden überlagern. Willst du diesen Effekt umgehen, so solltest du der Kombination eine ausgleichende Rune hinzufügen. Diese sorgt für eine Balance der Kräfte.

Hier ein Beispiel: Du wirst eine Geschäftsreise unternehmen und willst eine Binderune für den erfolgreichen Ausgang und eine sichere Reise herstellen. Die Rune des Reisens ist RAIDHO. Eine neutrale Rune. Diese möchtest du mit der Sonnen-Rune SOWILO kombinieren, um so für einen strahlenden Erfolg der geplanten Geschäftsreise zu sorgen.

RAIDHO's Energie hat einen neutralen Charakter. SOWILO hingegen ist dominant. Um ein ausgeglichenes Verhältnis der Kräfte zu schaffen, würde es sich zum Beispiel anbieten, die beiden Runen mittels der Schutz-Rune ALGIZ zu harmonisieren, welche zusätzlich für den gewissen „Schutz von oben" während der Reise sorgt.

Um die Binderune zusammen zu fügen genügt es, die drei ausgewählten Runen miteinander zu verbinden. Füge sie so zusammen, dass Schnittpunkte zwischen den Runen entstehen. Wie das aussehen könnte, möchte ich dir auf der nächsten Seite illustrieren.

Binderune

SOWILO (D) | RAIDHO (N) | ALGIZ (A)

Binderune zusammengefügt
(Beispiel)

Willst du, dass die Kräfte der Runen gleichmäßig wirken, so ist es ratsam, eine Rune von ausgleichendem Charakter hinzu zu fügen. In manchen Fällen ist es aber durchaus auch gewünscht, dass die Kräfte einer Rune überwiegen während die der anderen deren Effekt eher energetisch begleiten und unterstützen sollen.

Wie du die einzelnen Runen in der Binderune anordnest ist dabei ganz dir überlassen. Es ist jedoch ratsam, die Anordnung so vorzunehmen, dass sich ein möglichst symmetrisches und harmonisches Bild ergibt. Davon abgesehen kannst du deiner Kreativität jedoch freien Lauf lassen. Du kannst die Binderunen letztlich so verwenden, wie die einzelnen Runen und sie für magische Zwecke, Talismane, Amulette oder Ähnliches nutzen.

Technik: Der Middle Pillar Ritus

Der englische Begriff *Middle Pillar* bedeutet so viel wie „Mittlere Säule". Die Technik stammt ebenfalls aus der Tradition des Golden Dawn. Diese Übung stellt dort einen der Grundpfeiler des Noviziats da und ist bestens geeignet, um sich mit dem Sammeln und Ausrichten von Energie vertraut zu machen. Sie versetzt dich in die Lage, jederzeit Energie aus einer „externen" Quelle zu beziehen, dient der Härtung deiner Aura und schirmt dich (bis zu einem gewissen Grad) von schädlichen, äußeren Einflüssen ab.

Diese Technik verbindet die Kraft der Visualisierung erneut mit dem Gebrauch magischer Formeln, welche unterbewusst für eine Rückbesinnung auf deine schöpferische Natur sorgen. Die hier genutzte, magische Formel lautet:

Ehijeh – YHWH Elohim - YHWH Eloah Va Da'ath – Shaddai El Chai – Adonai Ha Aretz

Dies bedeutet übersetzt:

Ich bin der Herr, Gott von Wissen und Weisheit, der allmächtige Herr der Erde

Die Technik

Die Quelle der Schöpfung

- Nimm einen bequemen Stand ein, halte die Handflächen seitlich an den Beinen und atme einige Male tief durch.

- Visualisiere nun eine Quelle strahlend, weißer Energie über dir. Diese Quelle repräsentiert die göttliche Ur-Energie, den Ursprung der Schöpfung und Quell allen Lebens.

- Nun visualisiere, wie ein Strahl dieser göttlichen Energie aus dieser Kugel hervorbricht und in eine Kugel über deinem Kopf eindringt. Diese Kugel besteht aus dem gleichen, strahlenden Weiß und ist Ausdruck deines höheren Selbst. Sie repräsentiert deine Göttlichkeit, deine ewige Seele.

Weiße Sphäre: Das höhere Selbst

- Atme vier Mal ein und aus und sieh dabei im Geiste, wie die Kugel über deinem Kopf immer heller und heller wird und sich mit Energie auflädt.

Nun vibriere laut und deutlich drei bis fünf mal:

EEEE – HIIIII - YEEEEEEH

(Ehijeh)

Graue Sphäre: Die Verbindung

- Nun visualisiere, wie erneut ein Strahl dieser göttlichen Energie aus der Kugel hervorbricht und hinab fährt. Aus der Energie bildet sich auf Höhe des Halses eine neue Sphäre, welche in einem hellen grau schimmert. Diese Kugel stellt die Verbindung zwischen deinem Alltags-Bewusstsein und deinem höheren (göttlichen) Selbst dar.

- Atme wiederum vier Mal tief ein und aus. Visualisiere dabei, wie die graue Kugel weiter an Energie gewinnt und immer heller scheint.

Nun vibriere laut und deutlich drei bis fünf mal:

JE – HOOO – VAAAAA – EEE – LOOO - HIIIM

(YHWY Elohim)

Goldene Sphäre: Das Tages-Bewusstsein

- Sieh im Geiste, wie ein Strahl der Energie aus der grauen Kugel hervorbricht und sich in deiner Brust zu einer weiteren, goldenen Kugel formt, welche so hell strahlt, wie die Sonne. Diese Sphäre entspricht deinem Alltags-Bewusstsein.

- Atme wiederum vier Mal ein und aus und beobachte, wie die goldene Kugel mit jedem Atemzug immer heller strahlt.

Nun vibriere laut und deutlich drei bis fünf mal:

JE – HOOO – VAAAAA – EEE – LOOO – AAAH – VAAA – DA - AAAATH

(YHWH Eloah Va Da'ath)

Violette Sphäre: Das Unterbewusstsein

- Sieh im Geiste, wie sich die Energie erneut Bahn bricht und auf Höhe deiner Hüfte eine weitere Kugel in einem tiefen Violett erscheint. Diese Kugel steht für dein Unterbewusstsein bzw. das Unbewusste.

- Atme erneut vier Male ein und aus und imaginiere dabei, wie die violette Kugel sich immer mehr mit Energie füllt und heller leuchtet.

Nun vibriere laut und deutlich drei bis fünf mal:

SHAAA – DAAAI – EEEL - CHAAAAI

(Shaddai El Chai)

Schwarze Sphäre: Der materielle Körper

- Sieh im Geiste, wie die Energie aus der violetten Kugel hervorbricht und an deinen Beinen herab rinnt, bis sie schließlich deine Füße erreicht. Dort bildet sich nun eine schwarze Kugel um deine Füße herum, die zur Hälfte über dem Erdboden und zur anderen Hälfte darunter liegt. Diese Kugel ist der Ausdruck für deinen materiellen Körper.

- Atme weitere vier Male ein und aus. Beobachte dabei, wie sich die schwarze Sphäre immer weiter mit Energie füllt.

Nun vibriere laut und deutlich drei bis fünf mal:

AAA – DO – NAAAI – HAAA – AAA - REETZ

(Adonai Ha Aretz)

Grüne Sphäre: Mutter Erde

- Nun visualisiere, wie die Energie aus der schwarzen Sphäre sich in die Erde ergießt und sich dort mit einer riesigen, grünen Sphäre von immenser Größe vereinigt. Diese Kugel repräsentiert die Erde und unsere materielle Welt selbst.

- Schaue dir das Bild an und führe dir vor Augen, dass du vom göttlichen Ursprung der Schöpfung bis herab zu Mutter Erde verbunden bist und beobachte, wie die Sphären auf allen Ebenen hell und energiegeladen strahlen und pulsieren.

- Wenn du das Gefühl hast, dass es getan ist, öffne die Augen. Klatsche einmal in die Hände, oder stampfe auf den Boden, um dich ins Alltags-Bewusstsein zurück zu holen.

Middle Pillar

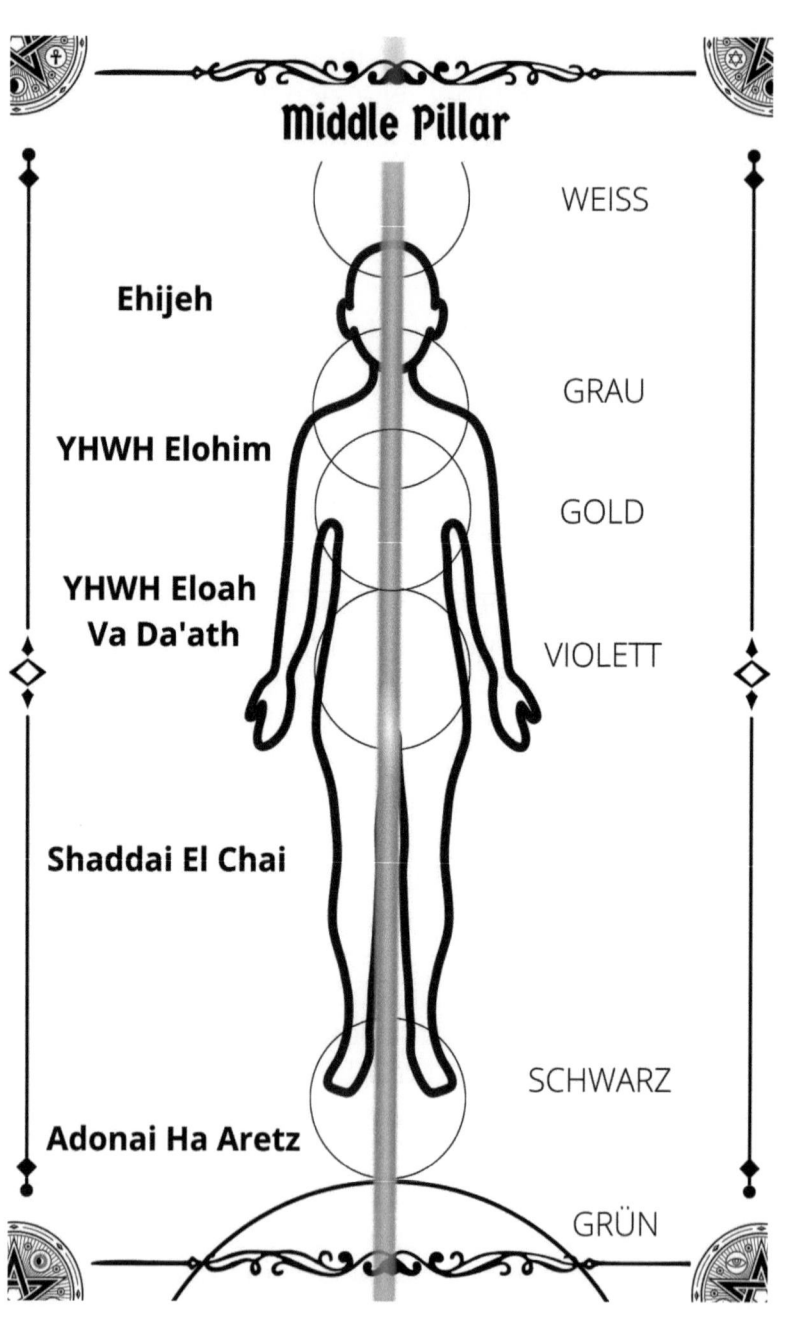

WEISS

Ehijeh

GRAU

YHWH Elohim

GOLD

YHWH Eloah
Va Da'ath

VIOLETT

Shaddai El Chai

Adonai Ha Aretz

SCHWARZ

GRÜN

Middle Pillar: Anmerkungen

Es mag sein, dass diese Technik dir zunächst kompliziert erscheinen mag. Doch ich verspreche dir, dass du sie schon nach ein paar Malen völlig verinnerlicht haben wirst und dass sie schon nach einer Weile so routiniert abläuft, wie das Auto-Fahren. Ich bin mir sicher, dass du schnell den großen Nutzen und die ersten Effekte dieser Übung spüren wirst.

Diese Technik hilft dir nicht nur dabei, Energie zu schöpfen und dich fest im Leben zu verankern. Sie härtet außerdem deinen Energie-Körper und sorgt dafür, dass dich negative Einflüsse nicht mehr so leicht aus der Bahn werfen. Wenn du die Technik beherrschst, kannst du die akkumulierte Energie auch für andere Zwecke nutzen, oder mit ihr spielen. Du könntest sie von der grünen Sphäre zurück in den Ursprung lenken, sie von dort erneut auf dich herab regnen lassen, oder die Energie anderweitig dirigieren. Du bist aufgerufen, selbst zu experimentieren. Vergiss auch nicht, deine Fortschritte und Eindrücke **jedes Mal** in deinem magischen Tagebuch zu notieren!

Diese Übung bietet ein gutes Fundament für die folgenden Schritte. Du solltest die Technik regelmäßig wiederholen, bis sie in Fleisch und Blut übergeht. Sei dir auch bewusst, dass die Sphären immer da sind und du dich immer wieder aufs Neue damit verbinden kannst.

Die Reise geht weiter: Ein Ausblick

Vielleicht hast du es bemerkt: Ich habe dir mit den Erläuterungen in diesem Buch die wichtigsten Grundlagen der Magie näher gebracht. Auch die Auswahl der Übungen ist keineswegs zufällig, oder willkürlich.

Du hast gelernt, wie man richtig visualisiert und diese Bilder mit Hilfe aller Sinne und seiner Emotionen verstärkt. Du hast erfahren, wie man Energie anstaut, diese in eine gewünschte Richtung lenkt, oder auf Gegenstände überträgt. Außerdem kannst du nun eine wirksame Bannung durchführen und hast dir deinen inneren Rückzugs-Ort erschaffen (der sich auch für magische Arbeiten von dieser Ebene aus eignet). Darüber hinaus stehen dir einige, höchst wirksame, magische Techniken zur Verfügung, du kannst Binderunen herstellen und mit Hilfe der Sigillen-Magie schnell und wirksam Veränderungen auf der materiellen Ebene bewirken.

Mit dem vermittelten Wissen und den enthaltenen Übungen bist du also bereits in der Lage, die Bewusstseins-Technologie namens Magie für dich zu nutzen und damit entsprechende Resultate zu erzielen. Dieses Buch bildet damit also einen abgeschlossenen Grundkurs der Magie, behandelt diese aber keineswegs erschöpfend.

Mein Ziel war es allerdings, dir mit diesem Buch die notwendigen Skills zu vermitteln, um tiefer in die Welt der Magie einzutauchen und letztlich ihr volles Potenzial ausschöpfen zu können.

Denn, machen wir uns nichts vor: Obwohl wir einen ordentlichen Querschnitt der wichtigsten Themen behandelt haben, so kratzen wir doch noch an der Oberfläche. Wenn du das Wissen verinnerlicht und die Techniken diszipliniert geübt hast, so bist du definitiv in der Lage für den nächsten Schritt: Den Aufbau und die Durchführung von eigenen, magischen Ritualen.

Im II. und III. Band dieses Buches bekommst du die Möglichkeit, die erworbenen Fähigkeiten zu nutzen und weiter auszubauen. Du lernst, auf Basis der Grundlagen eigene Rituale zu entwerfen und durchzuführen. Wir behandeln außerdem z.B. die Themen Schwarze Magie, Engel und Dämonen, Planeten- und Elementar-Magie. Außerdem werden dir auch hier wieder verschiedene, magische Techniken wie das *Kleine bannende Pentagramm-Ritual*, oder das *Rosenkreuz-Ritual* vermittelt und du lernst alles über die Evokation und Invokation von Wesenheiten. Abschließend eine kleine Übersicht, welche Themen dir in den beiden folgenden Bänden dieses Magie-Kurses begegnen werden:

Die Bände II + III behandeln die Themen:

- WAS IST EIN RITUAL?
- RITUAL-AUFBAU
- WIRKSAMKEIT VON RITUALEN
- RITUALE SELBER ENTWERFEN
- EVOKATION (EIN WESEN RUFEN)
- INVOKATION (IN SICH HINEIN RUFEN)
- DIE VIER ELEMENTE
- CHAKREN UND ENERGIE-SYSTEM
- KLEINES BANNENDES PENTAGRAMM RITUAL
- MIDDLE PILLAR
- EINEN RAUM REINIGEN UND VERSIEGELN
- ENGEL UND DÄMONEN
- SPIEGEL-MAGIE
- PARADIGMEN
- DIE MAGISCHE VERBINDUNG (RAPPORT)
- SYMPATHIE-MAGIE
- SCHWARZE MAGIE UND SCHADENSZAUBER
- DIE WEIHUNG VON GEGENSTÄNDEN
- DIE MAGIE DER PLANETEN
- ARCHETYPEN
- DER SEELENSPIEGEL
- ILLUMINISMUS

und vieles mehr!

Auf ein Wort...

Ich habe mir Mühe gegeben, möglichst alles für dich zusammen zu tragen, was du für einen erfolgreichen Start in die Magie benötigst. Dabei war es mir wichtig, dir nicht nur ein weiteres „Rezept-Buch" zu liefern, sondern dir das wichtigste Grundwissen um die Funktionsweise der Magie zu vermitteln, damit du selber zum „Koch" wirst. Ich habe in den letzten Jahrzehnten viel Wissen in diesem Bereich angesammelt. Am schwierigsten war es für mich, zu entscheiden, was von diesem Wissen unbedingt in das Buch gehört und wie ausführlich ich es behandeln soll. Am liebsten hätte ich das Wissen direkt per Bluetooth in deinen Kopf übertragen. Da das nicht geht, musste ich eine Auswahl treffen.

Ich hoffe, dass du aus diesem Buch etwas mitnehmen kannst. Das enthaltene Wissen reicht auf jeden Fall als Grundlage für die ersten, spürbaren Resultate. Jetzt kommt es nur darauf an, dass du die erlernten Praktiken auch umsetzt und deine magischen Fertigkeiten regelmäßig trainierst. Wenn du das tust, werden sich die ersten Erfolge garantiert bald zeigen.

Falls dir das Buch gefallen hat, würde ich mich über eine Rezension (z.B. auf Amazon) freuen. Auf diese Weise werden auch andere Menschen auf diese Bewusstseins-Technologie aufmerksam. Aber auch für Kritik und weitere Anregungen stehe ich selbstverständlich jederzeit gerne zur Verfügung. Schreibe mir hierzu gerne einfach an:

dennislee@aurea-statua.de

Ich wünsche dir viel Spaß beim Erproben der neuen Techniken. Ich hoffe (und bin sicher), dass du schon bald die ersten Erfolge erzielen kannst, wenn du weiter am Ball bleibst. Vielleicht magst du diese ja ebenfalls per Mail mit mir teilen

Alles erdenklich Gute für dich und deine Lieben!

Mit magischen Grüßen

Dennis Lee Wiltzer

Der Verfasser

Runen sind weit mehr als Schriftzeichen. Es handelt sich um uralte Symbole der Macht, die über Jahrtausende zu magischen Zwecken genutzt wurden und in denen eine erstaunliche Geheimlehre verborgen ist. Dieses Buch vermittelt praxisnah ein fundiertes Wissen über die Runen, ihren magischen Nutzen im Alltag und die Praxis des Runen-Orakels. Es befähigt den Leser, die alten Zauberzeichen unserer Ahnen sofort in den Alltag zu integrieren und die Kraft der Runen magisch für sich zu nutzen. Gleichzeitig fungiert es als praktisches Nachschlagewerk, ist mit vielen Illustrationen versehen und bietet einen einzigartigen Zugang in die Welt der Runen.

Dieses Buch bietet dir:

- Eine umfassende Einführung in die Welt der Runen
- Einführung in die Runen-Magie
- Herstellung von Runen-Talismanen, Amuletten und Binderunen
- Einführung in das Runen-Orakel
- Verschiedene Lege-Systeme zum sofortigen Start
- Umfangreiche Deutungen zu jeder Rune
- Magische Verwendung der einzelnen Runen
- Mit vielen Illustrationen und Erklärungen

und einiges mehr...

AUREA STATUA Verlag
info@aurea-statua.de